Meine
Lieblingsplätze
♡

chic&cosy

Schöner urlauben in Österreich III

Inhaltsverzeichnis

The Leo Grand

In diesem Barockjuwel aus dem 12. Jahrhundert, dessen Fundamente auf die Römerzeit zurückgehen, haben schon Könige, Künstler und schillernde Persönlichkeiten aus aller Welt genächtigt. Denn Musik, Kunst und alles Exotische – das waren die Leidenschaften des Habsburgerkaisers Leopold I.

Der feinsinnige Geist des Kaisers lebt nun seit dem Frühjahr 2022 in diesem Luxushotel wieder auf, das sieht und spürt man sofort. In bester Innenstadtlage, nahe dem Stephansdom und direkt am Bauernmarkt, wurde barockes Design neu interpretiert und extravagant umgesetzt. Leopolds Konterfei findet sich auf Teppichen wieder, den Eingangsbereich zieren Wandmalereien im Dschungel-Look und das einzigartige Interior, gepaart mit zeitgenössischem Luxus, macht den Aufenthalt in diesen Gemächern zu einem unvergesslichen Erlebnis.

Eine Oase des guten Geschmacks und auch der Ruhe ist der Innenhof des Hauses, wo sich das Restaurant befindet und avantgardistische Fusionsküche mit Wiener und Französischen Einflüssen serviert wird. Eine einzigartige Zeltdach-Konstruktion verschließt den Hof bei Bedarf und so kann bei jedem Wetter feudal geschlemmt werden. Bon appétit!

THE LEO GRAND HOTEL VIENNA
Bauernmarkt 1 | 1010 Wien | +43 1 90606 |
reception@theleogrand.com | www.theleogrand.com

> **"**
>
> Das ist großartig:
> Manche Betthäupter
> sind nach dem typischen
> Schwung der Habsburger
> Lippe geformt.
>
> **"**

Zoku

Egal ob Disneyland, Oktoberfest oder irgendein Kirtag – immer bin ich der Kleiderständer für alle meine todesmutigen Freund:innen, die sich in diversen Fahrgeschäften in den Himmel oder sonst wohin schießen lassen.

Nicht so im Zoku! Hier sitze ich mit einem Glas Wein in der Hand auf der schicken Dachterrasse mit Blick in den Wiener Prater und schaue bzw. höre mir belustigt an, wie sich die Leute vor Angst oder auch, eventuell in seltenen Fällen, vor Freude die Seele aus dem Leib schreien.

Zum Schreien, aber im positiven Sinne, finde ich dieses tolle Konzept: Zoku ist ein innovatives Home-Office-Hybrid-Apart-hotel und bietet Einheimischen und Reisenden einen Treffpunkt, wo man sich bei einer Tasse Kaffee unkompliziert kennenlernen und/oder neue Kontakte knüpfen kann. Es gibt Tageskarten für die Co-Working-Spaces und für längere Aufenthalte können Lofts angemietet werden. Damit sich die Gäste schneller heimisch füh-len, gibts verschiedene Kunstwerke und Dekorationselemente an der „Art-Swap-Wand", um das Heim auf Zeit individuell zu gestal-ten. Und übrigens: Zoku ist ein japanisches Wort und bedeutet Clan, Familie oder Stamm. Nice, oder?

ZOKU VIENNA
Perspektivstraße 6 | 1020 Wien | +43 720 987101 |
meetvienna@livezoku.com | www.livezoku.com

Bucht man das Achterbahn-
Loft, hat man einen direkten
Blick auf eine der beliebtesten
Attraktionen des Praters:
den Megablitz – und ein
gratis Ticket gibts dazu!

“

Zola Palais de Bohème

Dieses Palais de Bohème in Wien Leopoldstadt wurde 2022 – es kann einfach nur so sein – nach meinem Buchtitel erschaffen. Denn very cosy ist dieses laid back Luxus-Boutiquehotel in einem denkmalgeschützten Stadtpalais unweit des Praters und très chic sowieso!

Das Herzstück des Hauses sind dessen vier Suiten „Die Erde", „Die Sünde", „Der Traum" und „Die Beute", deren Design an die gleichnamigen Werke des weltberühmten französischen Schriftstellers Emile Zola angelehnt sind. „Le péché" sündigt mit einer blutroten Couch und Lavasteinen an der Wand, während man in „Le rêve" inmitten von verschiedenen Blautönen träumt.

„La curée" – die Beute, ist nicht nur eine der Suiten, sondern wird auch als Gericht ganz frisch in Form von internationaler Avantgarde-Küche im Restaurant ZAZATAM serviert. In den warmen Sommermonaten empfängt der stimmungsvolle Garten mit „casual fine dining" Hotelgäste und Einheimische gleichermaßen und in den kühlen Wintermonaten entfaltet das Souterrain des Hauses seine wahre Schönheit mit opulenten Blumentapeten als exotischer Garten der Nacht!

HOTEL ZOLA – PALAIS DE BOHÈME
Vorgartenstraße 217 | 1020 Wien | +43 1 8900870 |
office@hotelzola.com | www.hotelzola.com

> In jedem Zimmer befinden
sich drei wunderschöne Tonvasen.
Sie wurden eigens für das Palais
angefertigt und können auch
erworben werden.

MOOONS

„La-Le-Lu, nur der Mann im Mond schaut zu" singt Heinz Rühmann im berühmten Wiegenlied. Seit 2020 hat dieses Boutiquehotel in Wien aber gleich mehrere Mondgesichter zu bieten, nämlich genau 80 Bullaugenfenster, durch die „frau" auch gemütlich sitzend auf den gegenüberliegenden Hauptbahnhof blicken kann. Außerdem besticht das Haus durch seine zentrale Lage.

MOOONS steht für leistbaren Luxus und ist auf die modernen Gästebedürfnisse abgestimmt. So gibt es beispielsweise mobilen Check-in und einen virtuellen Concierge-Service, E-Cars zum Mieten und Frühstück zum Mitnehmen. Wer den Morgen jedoch lieber im Hotel angeht, der findet am Buffet auch eine vegane Superfood-Ecke und warme Gerichte.

Wahrlich luxuriös sind auch die MOOONS Upper Space Zimmer im 8. Stock mit ihren Panorama-Dachflächenfenstern und einer freien Sicht auf die Wiener Innenstadt oder das Quartier Belvedere. Den Sternen noch viel näher ist man in der MOOONS Rooftop-Bar. Der perfekte Place-to-be für einen Sundowner oder auch um die nächste – zumindest partielle – Mondfinsternis zu beobachten.

MOOONS
Wiedner Gürtel 16 | 1040 Wien | +43 1 96226 |
welcome.vienna@mooons.com | www.mooons.com

> **"**
>
> Wer bisher noch nicht
> mondsüchtig war, der wird
> es in diesem Hotel
> auf jeden Fall!
>
> **"**

Beethoven

Ich bin mir ganz sicher: Das Hotel „Beethoven" ist vor Freude gehüpft als es erfahren hat, dass seine neuen Eigentümer „Ludwig" heißen! Noch dazu, wo die Familie mehr als kunstaffin und musikalisch ist. Ich hoffe, die Erschütterungen im gegenüberliegenden Theater an der Wien oder der Secession gleich ums Eck waren nicht allzu heftig.

Hoteldirektorin Barbara – die Ludwig vom Beethoven – wie sie gern genannt wird, möchte den Gästen ihre Heimatstadt und deren Kunst und Kultur nahebringen. So sind die Kemenaten im ersten Stock nach Wiener Kaffeehausliteraten benannt. Die 3. Etage ist Ludwig Beethoven und seinen Kollegen gewidmet und ganz oben befinden sich die starken Frauen des Fin de Siècle.

Viele Biedermeier-Möbel aus Familienbesitz sind im Haus verstreut, in dem sich auch die Bibliothek der Eltern befindet. An den Wochenenden finden in der Papageno Lounge Konzerte mit Kammermusik statt und hier steht auch der Bösendorfer Flügel von Mutter Sissy, die eine begnadete Pianistin ist. Ein sehr kunstsinniges Boutiquehotel, das mit individuellen Zimmern, ruhiger, innerstädtischer Lage und einer tollen Bar begeistert!

HOTEL BEETHOVEN
Papagenogasse 6 | 1060 Wien | +43 1 58744820 |
info@hotelbeethoven.at | www.hotel-beethoven.at

> ,,
>
> In der „Lvdwig" Bar sitzt man am großen Tisch zusammen – das mag ich besonders gern – und kann zusehen, wie die Signature-Cocktails des Hauses gemixt werden.
>
> ,,

Die Josefine

Als ich das erste Mal dieses bezaubernde Boutiquehotel betrat und die schwere Holztür hinter mir schloss, konnte ich nicht gleich weitergehen. Ich musste einfach stehenbleiben und dieses Stiegenhaus (Foyer) bestaunen – bitte kurz umblättern, damit ihr wisst, was ich meine! Die opulente Marmorstiege gesäumt von zwei herrlichen Blumen-Bouquets, der violette Wandanstrich, die Kristallluster – es ist wie eine Reise ins Paris der 20er und 30er Jahre.

Kein Wunder, denn Namensgeberin Josefine war eine in Wien geborene, französische Adelige, die nach ihrem Studium an der Sorbonne und Jahre später auf ihrer Flucht vor der russischen Revolution in diesem Haus Unterschlupf fand.

Nach aufwändigen Umbauarbeiten können seit 2021 hier auch wieder einfache Bürger:innen wie ich Zuflucht finden und zwar in 49 Zimmern. Im „Josefine Historique" finden sich beispielsweise noch original Art-Deco Buntglasfenster und die „Bel Etage Josefine" beeindruckt mit wunderschönem, altem Stuck, Eichenparkettboden im klassischen Wiener Fischgrät-Design und einer freistehenden Badewanne mit Löwenfüßen. Und von der Terrasse der „Maisonette Suite" ist der Blick in den Pariser – oh, pardon – Wiener Himmel besonders schön.

DIE JOSEFINE HOTEL
Esterházygasse 33 | 1060 Wien | +43 1 58870 |
bonjour@hoteljosefine.at | www.hoteljosefine.at

> **"**
>
> La vie en rose auch im
> Untergeschoss des Hotels:
> Auf einem samtbezogenen Sofa
> sitzen und im Barfly's Club
> einen Cocktail schlürfen.
>
> **"**

Gilbert

Das Tollste gleich zuerst: Das Ende 2021 eröffnete Hotel, gleich ums Eck von meinem geliebten Spittelberg und nur ein paar Schritte vom MuseumsQuartier entfernt, wurde gleich im Jahr darauf zur besten nachhaltigen Unterkunft Mitteleuropas ausgezeichnet.

Die immergrüne Außenfassade ist nicht nur ein Hingucker, sondern sorgt an heißen Tagen für eine natürliche Abkühlung des Gebäudes. Aber auch im Inneren begeistert mich das trendige Hotel mit skandinavischem Flair und üppigem Grün. So ist es kein Zufall, dass auch die Gerichte in der Café-Brasserie „&flora" grün angehaucht sind und von „Root to Leaf" alles verwertet wird.

Von den lichtdurchfluteten Rooftop „Epic Lofts" mit eigener Terrasse samt Outdoor-Sauna, -Dusche und -Daybed ist der Blick über die Stadt atemberaubend. Aber auch in den „Fancy Flats Double Rooms" mit ihrem schicken Design und der modernen Ausstattung schläft es sich genauso gut. Und damit die Gäste auch ganz diskret erkennen, in welcher Stadt sie nächtigen, findet sich an den Schranktüren das sogenannte „Wiener Geflecht", das man von den traditionellen Kaffeehausstühlen kennt.

HOTEL GILBERT
Breite Gasse 9 | 1070 Wien | +43 1 5231345 |
welcome@hotel-gilbert.at | www.hotel-gilbert.at

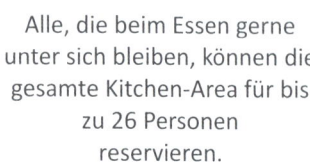

Alle, die beim Essen gerne unter sich bleiben, können die gesamte Kitchen-Area für bis zu 26 Personen reservieren.

Gut Guntrams

Diamonds are a girl's best friend! Bescheidenheit ist eine meiner größten Tugenden und darum bin ich auch schon mit einem Amethyst zufrieden. Zugegebenermaßen ist mein Objekt der Begierde dafür 5 Meter hoch, fast 13 Tonnen schwer und im Kristallgarten auf Gut Guntrams zu finden.

In diesem Freilichtmuseum sind noch viele weitere Schätze zu bestaunen, doch meine Augen funkeln vor allem für die drei beeindruckenden Gartenlofts namens Linde, Marille und Eiche. Am Rande der Buckligen Welt ist dieses Naturparadies mit drei Designer-Suiten zu bestaunen. Komplett aus Vollholz gebaut und mit der großen Glasfront ist der Blick in die biologischen Obstgärten einfach wunderbar.

Zu jedem Häuschen gehört auch ein privater Garten mit Open Air-Dusche und Granitbadewanne. Wer ein bisschen weiter hinausschwimmen möchte, nutzt den idyllischen Naturbadeteich, der nur den Hotelgästen zur Verfügung steht. Frühstück gibts im hofeigenen Café und die Honesty Bar bietet Snacks und Getränke rund um die Uhr. Wie würde man bei Edelsteinen sagen? Alles lupenrein hier!

GUT GUNTRAMS
Guntrams 11 | 2625 Schwarzau am Steinfeld | +43 2627 83333 |
info@guntrams11.at | www.guntrams11.at

> "
>
> Der hauseigene Hofladen bietet alles, was auf dem Gut veredelt wurde: seltene Wildfruchtmarmeladen, sortenreine Apfelsäfte und Sirupe aus Wildkräutern und Blüten.
>
> "

Fernblick

Ich habe nie geheiratet. Wisst ihr warum? Weil statistisch gesehen der Ehemann der gefährlichste Mensch im Leben einer Frau ist. Vielen ist das nicht bewusst, aber mir war das „Ja-Sagen" deshalb immer zu riskant und ich finde, man bzw. frau kann ja auch ohne Ring am Finger schön zusammenleben.

Wer aber wagemutig genug ist, um sich in dieses kühne Unterfangen zu stürzen, dem kann ich für die Feierlichkeiten wärmstens diese extravagante Partylocation empfehlen. Bis zu 125 Hochzeitsgäste können hier abhängen, abfeiern und abtanzen und das gleich in drei Bars! Im Tanzcafé singt die Kaffeemaschine mit der Jukebox um die Wette, in der Tulum Bar schlürft sich Cocktail und Corona-Bier besonders gut und in der Hausdisco wird bis in die frühen Morgenstunden geshakt und geschmust.

Nicht nur Heirats- sondern auch Tagungswillige sind im Fernblick herzlich willkommen. Die seminartaugliche Technik und das anregende Ambiente sind Garanten für einen erfolgreichen Workshop. „Alles außer gewöhnlich" sind auch die 20 Zimmer mit viel Vintage-Chic und opulenten Accessoires, die im hauseigenen Shop auch gleich erworben werden können.

FERNBLICK
St. Corona am Wechsel 69 | 2880 St. Corona am Wechsel | +43 676 5338364 |
info@fernblick.at | www.fernblick.at

> 99
>
> An Silvester kann man sich zum „Buena Vista Club" einbuchen und auch sonst gibt es immer wieder Fernblick-Family-Termine.
>
> 66

Mühlenhof Rooms

Schon während meiner Studienzeit in Wien sind wir immer ins wunderschöne Kamptal zum Wandern gefahren. Als Belohnung für die körperlichen Strapazen – so kam's mir Couch-Potatoe damals zumindest vor – musste natürlich ein Heurigenbesuch in Österreichs größter Weinstadt Langenlois her.

Ziemlich sicher waren wir damals auch schon im Heurigenhof Bründlmayer, den Victoria mit ihrem Mann Martin seit 2009 betreibt und wo traditionelle Küche auf Fine-Dining trifft. Und weil der Arbeit nicht genug, hat die Wirtin jetzt auch einem weiteren Gemäuer frisches Leben eingehaucht.

Das Bed&Breakfast, das 2021 eröffnet wurde, ist mit seinen fünf Zimmern ein verborgenes Kleinod. Design-Lovers kommen hier genauso auf ihre Kosten wie Weinliebhaber, denn die Honesty Bar im Studio Space – dem allgemeinen Wohnzimmer des Hauses – ist bestens gefüllt. Dort wartet morgens auch die Frühstücksbox mit regionalen Köstlichkeiten. Vorausgesetzt, man schafft es auch aus dem Bett. Denn dieses wurde im „Garden View Double Room" so positioniert, dass man beim Aufwachen direkt in den angrenzenden Marillengarten blickt.

MÜHLENHOF ROOMS
Gartenzeile 5 | 3550 Langenlois | +43 676 7709851 |
stay@muehlenhof-rooms.at | www.muehlenhof-rooms.at

> Fernseher gibts hier keinen,
> dafür immer wieder Yoga-Retreats
> mit passender Low-Carb-
> Verköstigung.

Aigen 13

Das Waldviertel hat ja schon seit jeher einen besonders mystischen Ruf. Zu Zeiten der Kelten haben sich die Druiden hier zu Versammlungen getroffen. Es finden sich geheimnisvolle Steine, die im Sternzeichen des Skorpions angeordnet sind, und die Gemeinde Groß Gerungs übt mit gleich fünf Kraftorten eine besondere Anziehung aus. Auch auf Cornelia und Mathias, die im Jahr 2021 diesen Dreiseithof mit viel Charakter und Geschichte erworben haben und seither zwischen Niederösterreich und Salzburg pendeln.

Unter dem Motto „Langsamer leben" taucht man hier ein ins Damals, mit dem Komfort von heute. So hat das Gastgeberpaar Steinmauern und Holzböden mit Boxspringbetten und Designerlampen kombiniert, stellt den E-Herd neben den Holzofen und das Strick-Set neben das Kissenmenü für Rücken-, Seiten- und Bauchschläfer.

Träumen unter Bäumen gelingt in der Ferienwohnung „Obstgarten" besonders gut, da der eigene Ausgang von der Stube direkt zum Apfel- und Kriecherlbaum führt. Das Appartement „Blumenwiese" lädt hingegen zum Gänseblümchenpflücken und Gedankenfliegenlassen ein. Wie würde meine Tochter sagen: Hier chillst du deine Basis besonders gut!

AIGEN 13
Aigen 13 | 3920 Groß Gerungs | +43 676 9181360 |
urlaub@aigen13.at | www.aigen13.at

> **"**
>
> Sollte man dieses romantische
> Refugium einmal verlassen
> wollen, starten Wanderungen
> und Radtouren direkt vor den
> Hoftoren und führen zu faszinie-
> renden Steinformationen
> und Kraftplätzen.
>
> **"**

KÖNIGSWIESER HOF

Der Jakobsweg mit seinen knapp 800 Kilometern Fußmarsch von den Pyrenäen nach Santiago de Compostela übt auf viele Menschen eine große Faszination aus, auch auf mich. So habe ich bei meinen Recherchen entdeckt, dass es im Mühlviertel einen kleinen Pilger-Bruder gibt: den Johannesweg mit 84 Kilometern Länge, der praktischerweise ein Rundweg ist und – noch besser – in Königswiesen vorbeiführt.

Wer „Ich bin dann mal weg – Meine Reise auf dem Jakobsweg" von Hape Kerkeling gelesen hat, der weiß, in welchen dürftigen Quartieren der Autor seine müden Beine ausstrecken musste. Er wäre sicher äußerst froh gewesen, eine so schöne Bleibe wie den KÖNIGSWIESER HOF auf der Strecke vorgefunden zu haben.

Das im Jänner 2023 neu eröffnete Boutiquehotel ist wahrlich eine (Pilger)Herberge deluxe und gestalterisch der Natur nachempfunden: steinverputzte Wände in den unteren Etagen, himmlisch-luftige Blautöne in den oberen, dazwischen sattes Grün. Naturmaterialien wie Moos und Holz finden sich im Wellnessbereich, und der Infinity Pool begeistert nicht nur müde Wanderer, sondern alle, die sich nach Ruhe sehnen und ihre Batterien aufladen möchten. Nicht umsonst wird diese Gegend auch als „Kraftviertel" bezeichnet.

KÖNIGSWIESER HOF
Markt 20 | 4280 Königswiesen | +43 7955 201010 |
info@koenigswieserhof.at | www.koenigswieserhof.at

> "
>
> Die neue Definition von Seminarraum: Ohrensessel und Couch statt parlamentarischer Bestuhlung, Vintage-Küchenzeile anstatt Klapptisch und eine fünf Meter lange Holztafel zum Tagen.
>
> "

Villa Bergzauber

Wisst ihr, woher Erdmännchen ihren Namen haben? Weil sie, wie wir Menschen, oft auf zwei Beinen stehen, um aufgeregt die Umgebung zu beobachten. Da ich mittlerweile auch ein hellgraues Fell habe, bin ich mir wie ein Weibchen dieser Spezies vorgekommen, als ich mir die 2022 neugebauten Erdhäuser in Roßleithen ansehen durfte.

Zehn Stück gibt es davon, wunderschön eingebettet in das ca. drei Hektar große, parkähnliche Grundstück mit der imposanten Villa aus 1900 und dem Festsaal, der Platz für 200 Veranstaltungsgäste bietet. So ist die Villa Bergzauber auch eine heiß begehrte Hochzeitslocation und wurde mit dem zweiten Platz beim „Historic Hotels of Europe Award 2022" ausgezeichnet und zwar in der Kategorie „Wedding Experience Hotel".

Hochzeits-Crashen mag zwar lustig sein, aber für Ruhesuchende eher suboptimal. Daher werden Partypeople und individuelle Hotel- und Erdhausgäste nie zeitgleich beherbergt und so können zweitere gemütlich am Salzwasserpool sitzen und wie die Erdmännchen die wunderschöne Bergwelt rundherum bewundern. Das pfeift!

VILLA BERGZAUBER
Roßleithen 31 | 4575 Roßleithen | +43 7562 20777 |
info@villabergzauber.at | www.villabergzauber.at

> Der Lehmputz in den Wohn-
> räumen der Häuser verleiht
> dem „Bau" eine ganz besondere
> Behaglichkeit und der
> Erdmantel dient als
> natürliche Isolierung.

Das Traunsee

Wisst ihr, warum ich so ungern alleine reise? Weil ich meine Begeisterung mit jemandem teilen möchte. Es muss dann stakkatomäßig aus mir heraus! Wie an jenem prachtvollen Sommertag in Traunkirchen, an dem die bunten kleinen Leihboote im Wasser schaukeln und der See glitzert und ich nach zigmal „Ist das nicht schön hier?" selber merke, dass es langsam nervt.

In der kleinen Greisslerei, die – wie auch das Hotel Post am See nebenan – zum Familienbetrieb von Monika und Wolfgang gehören, gönnen wir uns noch eine kleine Erfrischung, bevor wir an der Seepromenade, vorbei am imposanten ehemaligen Benediktinerkloster, zum Hotel meiner Begierde spazieren.

Das Traunsee ist das einzige Hotel, das direkt am Wasser liegt und so verfügen sieben Suiten über einen direkten Zugang ins kühle Nass. Alle anderen Zimmer haben einen eigenen Balkon mit Seeblick und zudem gibt es einen großzügigen Badesteg mit bequemen Liegen, der den Hausgästen zur Verfügung steht. An kühleren Tagen lockt der Wellnessbereich, ebenso mit Panoramablick ausgestattet. Weil mich mein Mann jetzt eh nicht hört, sag ich's nochmal zu euch: Es ist echt wahnsinnig schön hier!

SEEHOTEL DAS TRAUNSEE
Klosterplatz 4 | 4801 Traunkirchen | +43 7617 2216 |
traunsee@traunseehotels.at | www.traunseehotels.at

> Gourmet-Hot-Spot am Traunsee: Lukas Nagl vom hauseigenen Restaurant Bootshaus wurde vom Guide Gault Millau als Koch des Jahres 2023 ausgezeichnet.

Zum Goldenen Hirschen

Die Stadt Gmunden liegt malerisch am nördlichen Ende des Traunsees und ist immer einen Besuch wert. Und seit dem Frühjahr 2022 hat sie einen neuen Platzhirsch.

Der alte Traditionsgasthof, der bereits seit einigen Jahren leer stand, wurde von Eigentümerin und Architektin Inge entstaubt und saniert. Jetzt präsentiert er sich seinen Gästen „frisch, etwas wild und wunderbar". Hier trifft Vintage auf Zeitgeist und Gmundner Keramik auf handgewebte Stoffe. So sind die Betthäupter in den Urban Rooms „Die Jungen Wilden" und auch in der Superior Suite „Die Platzhirschen" mit dem von mir geliebten Ausseer-Dirndlstoff überzogen und schaffen so einen schönen Konnex zum Salzkammergut.

Im Hirschensaal wird gefeiert, gelacht sowie gegessen oder auch gearbeitet und 100 m² pure Entspannung bietet hernach die neue Sauna auf dem Dach mit cosy Daybeds und herrlichem Ausblick über die Dächer der Stadt. Oder auch in den gemütlichen Gastgarten mit der 100 Jahre alten Linde. Hier schmeckt der Grüne Veltliner vom Weingut Hirsch besonders gut, aber auch die Speisekarte ist zum Röhren!

ZUM GOLDENEN HIRSCHEN
Linzerstraße 4 | 4810 Gmunden | +43 7612 23444 |
info@hirschengmunden.at | www.hirschengmunden.at

> **"**
>
> Absolut goldrichtig ist dieses
> revitalisierte Boutiquehotel mit
> Rooftop-Sauna und schönem
> Gastgarten im Zentrum
> von Gmunden.
>
> **"**

Villa Flora

Der weibliche Vorname Flora bedeutet Blume oder Blüte. Auch die Frühlingsgöttin in der römischen Mythologie heißt so. Und meine geliebte Tochter! Während ich immer mit meinem Namen gehadert habe, weil zu meiner Zeit alle coolen Mädchen Barbara oder Elisabeth hießen, ist mein Girl oft heimgekommen und hat erfreut von Komplimenten zu ihrem erzählt.

Jedenfalls – wo immer Flora drin und drauf steht – schau ich ganz genau hin und kann zu Recht behaupten: Göttlich ist diese wunderschöne Villa nicht nur im Frühling, sondern das ganze Jahr über! Bis zu zwölf Erwachsene und vier Kinder können sich seit 2022 einmieten und dieses Paradies im Salzkammergut genießen.

Der große Pool ist von April bis Oktober beheizt und mein Highlight des Sommers ist die überdachte Outdoor-Kitchen mit Grill und großem Tisch für die gesamte Entourage. Der Herbst lockt ins Badehaus mit Sauna und genügend Freifläche für Yoga-Sessions im Ruheraum. Und ja, im Winter möchte man kaum noch hinter dem grün-gekachelten Ofen hervorkriechen, außer die überdachte Veranda im ersten Stock lockt mit einem romantischen Sonnenuntergang.

VILLA FLORA
Posern 24 | 4822 Bad Goisern am Hallstättersee | +43 664 1389000 |
hello@villaflora.at | www.villaflora.at

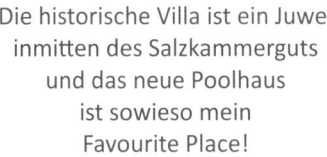

Die historische Villa ist ein Juwel
inmitten des Salzkammerguts
und das neue Poolhaus
ist sowieso mein
Favourite Place!

Villa Weiss

Ich wiederhole mich ja ungern. Aber ich glaube, ich hab's schon einmal erwähnt, dass ich das Wort „Sommerfrische" so gern mag. Das hat so etwas Nostalgisches für mich. Das ist nicht einfach den Koffer ins Auto werfen und irgendein Hotel auf dem Land buchen. Nein, für die Sommerfrische braucht es eine „Grande Dame"! Und solch eine befindet sich im Salzkammergut – erhaben auf einem Hügel mit wunderbarem Blick auf den schönen Attersee.

Erbaut 1923 als Jagdhaus der brasilianischen Königsfamilie hat die betagte Lady 2016 noch einmal den Besitzer gewechselt und wurde sanft renoviert, ohne jedoch ihren besonderen Charme zu verlieren. So gibt es beispielsweise in der Suite Nummer 5 noch die entzückenden grünen Originalfliesen und eine Sitzbadewanne, während man in Nummer 6 unter urigen Holzbalken nächtigt und in Suite 4 ein Gmundner Kachelofen den Raum auch gemütlich wirken lässt, selbst wenn er nicht vor sich hinglüht.

Den wunderschönen Garten können auch externe Gäste genießen. Traditionell werden jeden Freitagabend im Juli und August Spezialitäten vom Grill serviert und Samstag und Sonntag kann zwischen 9 und 13 Uhr gebruncht werden – aber alles gegen Voranmeldung bitte!

VILLA WEISS
Schlossberg 4 | 4864 Attersee am Attersee | +43 7666 20857 |
reservations@villaweiss.at | www.villaweiss.at

> **"**
>
> Zwei private Badestege,
> die fußläufig über den Garten
> erreicht werden können,
> stehen für die Hausgäste
> zur Verfügung.
>
> **"**

Landhaus zu Appesbach

„Es ist so friedlich hier, ein herrliches Fleckchen Erde",
schwärmte der Herzog von Windsor, als er 1937 in diesem
zauberhaften Refugium seine „splendid isolation" fand. Für seine
große Liebe hatte er auf den Thron verzichtet und verbrachte
hier die ersten Wochen nach seiner Abdankung, um sich an das
bürgerliche Leben zu gewöhnen.

Für ihn mag es nur bürgerlich gewesen sein, für mich dagegen ist
dieses Anwesen einfach herrschaftlich! Das vom Efeu umrankte
Landhaus mit 22 Zimmern befindet sich direkt am Wolfgangsee,
umgeben von einer prächtigen Parkanlage mit altem Baumbe-
stand und britisch gepflegtem Rasen.

In der „Windsor Suite" hängt man seine Kleidung noch in die-
selben weißen Schleiflackschränke wie der Duke anno dazumal
und genießt den atemberaubend schönen Ausblick von der
eigenen Terrasse, während die Panorama-Suite im lichtdurchfluteten Dachgeschoss vor kurzem liebevoll und mit außergewöhn-
lichen Design-Elementen aufgefrischt wurde. Sich selbst gekrönt
hat sich das geschichtsträchtige Haus 2022 mit einem feudalen
Spa-Bereich mit zwei Saunen, Dampfbad und Ruheraum.

LANDHAUS ZU APPESBACH
Au 18 | 5360 St. Wolfgang | +43 6138 22090 |
willkommen@landhauszuappesbach.at | www.appesbach.com

Mit einem Glas Wein in der
Strandbar sitzen und den Booten
beim Anlegen zusehen –
hier ist das Leben auch
ohne Krone schön.

Balthasar Volcano

Bei vielen werdenden Eltern ist die Namensfindung ein lang-
wieriger Prozess und sorgt mitunter für Unstimmigkeiten. Nicht
so bei Anna und Max! Ihr Baby (das Apartmenthaus), das im
September 2021 erstmals Gäste empfing, wurde nach dem Vor-
namen seines und dem Nachnamen ihres Großvaters benannt.

Doch bei diesem, komplett aus Holz errichteten Adults-only, ist
nicht nur der Name etwas Besonderes, sondern auch die individuelle Gestaltung der vier Wohneinheiten. In den Zimmern wurden florale Polster, handgemachte marokkanische Fliesen, selbst
designte Duschen und Möbel aus hochwertigen Werkstoffen mit
Bedacht kombiniert. Jedes Zimmer hat einen eigenen Garten
oder eine großzügige Terrasse UND einen Wahnsinns-Blick auf
den türkisblauen Wolfgangsee.

Damit Balthasar auch lange gesund und munter bleibt, wurde
sein Dach begrünt, der Strom wird via Photovoltaik erzeugt und
sein Anzug, nämlich die Außendämmung, besteht aus Lärchen-
rinde. Volcano ist somit das erste Gebäude weltweit, das dieses
spezielle Naturprodukt als Außenhülle hat. Meine Gratulation zu
diesem geschmackvollen und ökologisch wertvollen Nachwuchs!

BALTHASAR VOLCANO
Au 81 | 5360 St. Wolfgang | +43 699 18137133 |
info@balthasar-volcano.at | www.balthasar-volcano.at

Das Foyer ist Begegnungszone und die moderne Küche kann auch für Seminare oder gemeinsame Kochevents genutzt werden.

the salt

Meine Heimatstadt Salzburg hat dem „Weißen Gold" viel zu verdanken. Abgebaut wurde das Salz aber 15 Kilometer weiter südlich, in Hallein mit seiner mittelalterlichen Altstadt, die seit Sommer 2022 um eine Attraktion reicher ist.

Über zwei Jahrzehnte verharrte das denkmalgeschützte Haus im Dornröschenschlaf – bis es von einem wirklich feschen Prinzen, nämlich von meinem ehemaligen Nachbarn und dessen Bauunternehmen, wachgeküsst wurde und seither nur so vor sich hinstrahlt. Kein Wunder, denn die Revitalisierung ist mehr als gelungen. Die geschichtsträchtigen Mauern gepaart mit zeitgenössischer Architektur, die schlichte Eleganz des Mobiliars in Kombination mit gemütlichen Sofas, Polstern und Tischchen: Das ganze Haus versprüht Liebe und absolute Wohlfühlatmosphäre.

Die Zimmer werden alle drei Tage gereinigt und ich erwähne dieses Detail, weil ich es modern und nachhaltig finde. Wenn ich unterwegs bin, lasse ich immer wieder das „Do-Not-Disturb" Schild hängen, um dem Housekeeping unnötige Arbeit und der Umwelt Chemikalien zu ersparen. Deshalb finde ich dieses Konzept absolut nachahmenswert!

THE SALT TOWNHOUSE
Thunstraße 12 | 5400 Hallein | +43 664 4056285 |
stay@thesalt-hallein.com | www.thesalt-hallein.com

> "
Egal ob Hotel- oder externer Gast:
In der gemütlichen Salzkrämerei
kann man ausgiebig brunchen
oder ein After-Work-Glaserl
genießen.

"

Neuwirt

Dieses traditionsreiche Haus, dessen alte Gaststube bis auf das Jahr 1542 zurückverfolgt werden kann, wurde 2022 komplett saniert bzw. um 10 Suiten erweitert und ist nicht nur stylisches Boutiquehotel, sondern auch Ausstellungsfläche zugleich. Doch bis man hier endlich einmal im Zimmer ankommt, dauert es. Zumindest mir ging es so.

Objekte verschiedener Künstler sind im Gebäude verteilt und so musste ich gleich nach Betreten der Rezeption meinen Mann mit sanfter Gewalt von einer stierförmigen Holzskulptur wegzerren. Bis wir im 2. Stock angelangt sind, hätte er am liebsten noch ein paar Stücke erworben. Doch der urbane Charakter der Loft-Suite mit ihrer Raumhöhe von 4,20 Metern konnte ihn glücklicherweise von seinem Kaufrausch ablenken und genauso begeistern wie mich: Die ausdrucksstarke Tapete, die wunderschönen freistehenden Waschbecken, die perfekt im Raum integrierte Sauna und die großzügige Loggia mit herrlichem Blick in die Berge sind nur einige Details, die ich hier erwähnen kann.

Mein Kaufrausch geht dann so richtig im Wirtshaus los und – ungelogen – so hervorragenden Fisch hatte ich schon lange nicht mehr. Da Bad Vigaun nur einen Katzensprung von Salzburg entfernt ist, wird man mich hier noch ganz oft sehen.

NEUWIRT – HOTEL & WIRTSHAUS
Am Dorfplatz 10 | 5424 Bad Vigaun | +43 6245 83434 |
office@neuwirt-badvigaun.at | www.neuwirt-badvigaun.at

> **99**
>
> Ein Kleinod vor den Toren
> Salzburgs, dessen Modernisierung
> bzw. Erweiterung großartig
> gelungen ist und ländlichen
> Charme mit städtischem
> Flair vereint.
>
> **66**

Herbert

„Die gefährlichste aller Weltanschauungen ist die Weltanschauung der Leute, welche die Welt nicht angeschaut haben", sagt
der Forschungsreisende und Universalgelehrte Alexander von
Humboldt. Und weil ich diesem Zitat so viel abgewinnen kann,
habe ich bedingt durch meinen ersten Guide begonnen, mir
zumindest meine eigene kleine Welt (= Österreich) einmal gut
anzusehen.

So hat es „Herbert" geschafft, mich auf die Katschberghöhe zu
locken und wie immer, wenn ich einen wunderschönen Platz ent-
decke, ärgere ich mich, dass ich nicht schon viel öfter dagewesen
bin. Auch die Weltanschauung von Gastgeberin Denise gefällt
mir! Wir sind beide haptisch veranlagt und mögen Bücher. Das
ist auch nicht zu übersehen: Die extrem gemütliche Bibliothek ist
prall gefüllt mit Coffee-Table-Books und die Tische können auch
für gemeinsame Abende genutzt werden.

Begeistert bin ich auch von „Herberts" britisch angehauchtem
Style: dunkle Wände und Vertäfelung, das Ledersofa im Eingangsbereich, das mich an die Londoner Zigarrenclubs erinnert
und an den Wänden die (nachgemalte) Ahnengalerie der Familie.
Schließlich hat Opa Matthias hier den ersten Skilift erbaut!

BOUTIQUE-APARTMENTHAUS HERBERT
Katschberg 677 | 5582 St. Michael im Lungau | +43 4734 21888 oder +43 664 88660714 |
servus@herbert-katschberg.at | www.herbert-katschberg.at

> **"**
>
> Herbert ist für alle da:
> Die acht Appartements
> gibt es in verschiedenen Größen
> für Lovebirds, Family and Friends
> und alle haben einen
> super Style.
>
> **"**

Haven

Einen neuen Hafen für Freigeister gibt es seit Dezember 2022 in St. Johann Alpendorf – hier will man gar nicht mehr von Bord gehen!

Was gibt es für jene, die Ski fahren, Schöneres, als die Brettln direkt vor der Tür anzuschnallen? Vom Ski-Depot gehts mit dem Aufzug direkt auf die Piste und hat man kein eigenes Service-Personal dabei, dann hilft der Skiverleih auf Level 1 gerne aus. Die hauseigene Skischule bügelt jeden Fahrfehler aus und das Après-Ski findet praktischerweise gleich im deck7 statt: die kulinarische Homebase des Hauses, von deren Terrasse aus sich ein unglaublicher Blick ins Meer der Berge bietet.

Die 34 Serviced Apartments sind top-stylisch im skandinavischen Design mit einem Hauch Fernost eingerichtet: Cozy ist ideal für zwei bis vier Personen, die Signature Apartments auch für eine größere Gruppe von sechs Personen geeignet. Feels like H(e)aven im Infinity Pool, der ganzjährig beheizt ist und mit einer Liegeterrasse im Sommer punktet. Gratuliere – der jüngste Hotel-Nachwuchs von Hotelier-Familie Höllwart ist absolut gelungen und diesen Hafen sollte man auf jeden Fall ansteuern!

HAVEN MOUNTAIN RETREAT
Alpendorf 10 | 5600 St. Johann im Pongau | +43 6412 66300 |
hello@haven-alpendorf.at | www.haven-alpendorf.at

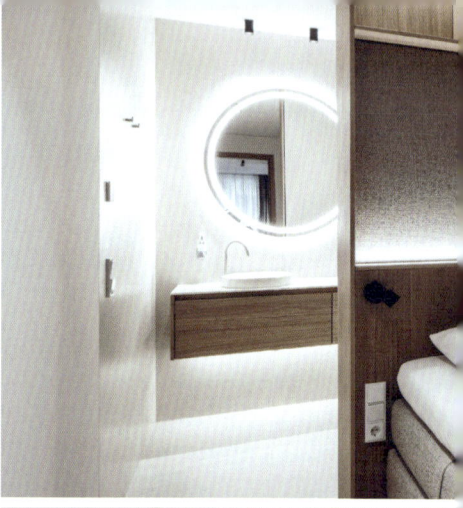

> 99
>
> Tastes like h(e)aven:
> Aufwachen mit duftendem
> Gebäck an der Türklinke oder
> alternativ das volle Frühstücks-
> programm im Restaurant
> genießen.
>
> 66

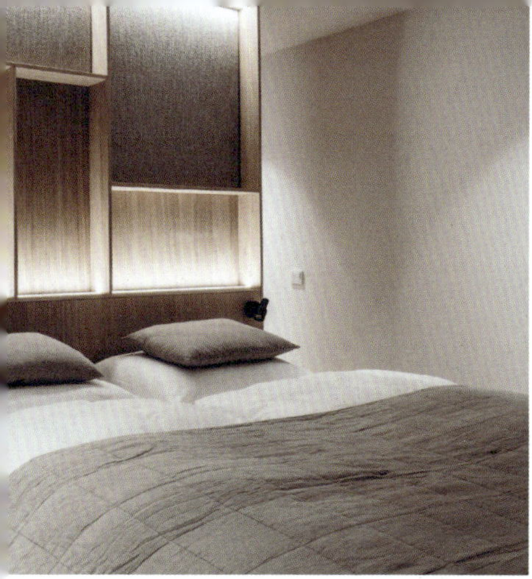
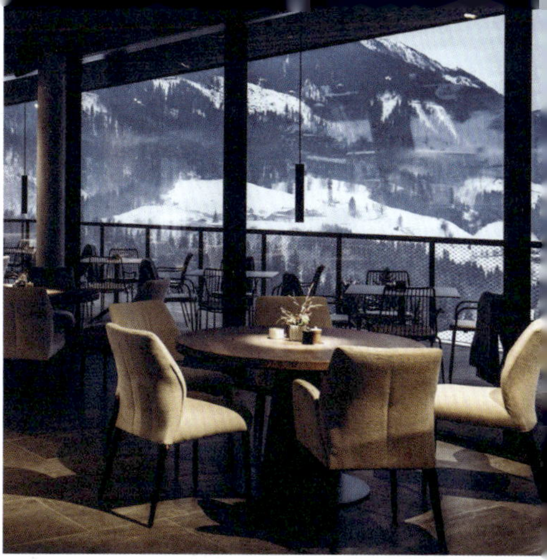
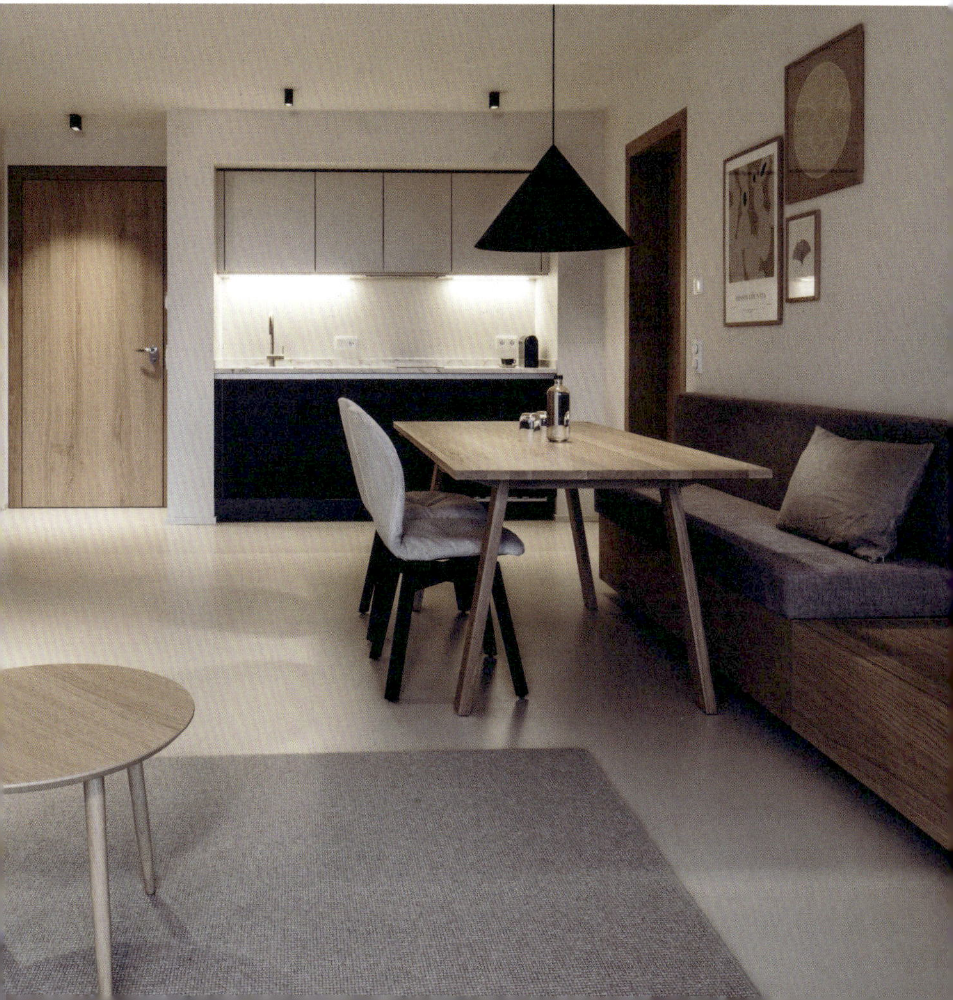

THE MATTHEW

„Probier's mal mit Gemütlichkeit. Mit Ruhe und Gemütlichkeit jagst du den Alltag und die Sorgen weg", singt Balu der Bär im Dschungelbuch und mir scheint, er hätte damals schon von diesem hyggeligen Aparthotel in Wagrain geträumt.

Benannt nach dem Urgroßvater Matthias, der sein Leben den Geistes- und Rechtswissenschaften widmete und für seine Zeit ein Weiterdenker und Freigeist war, wurde dieses außergewöhnliche Refugium 2021 von den Geschwistern Sandra und Rainer eröffnet. Wohnzimmer-Feeling macht sich gleich nach Betreten des Hauses breit: Der Mix aus Holz, Kupfer und Beton kombiniert mit angenehmen Braun- und Grautönen wirkt gemütlich und harmonisch. Am liebsten würde ich mich auf der Sitzbank hinlegen und in die Retro-Edison-Glühbirnen schauen – so, wie ich es zu Hause auch immer mache, wenn ich eine schöpferische Pause brauche und mir Geistesblitze erhoffe.

Da ich nicht weiß, ob alle Mitbewohner:innen des Hauses dem Freigeist des Urgroßvaters entsprechen und eine leicht schnarchende Dame am Nebentisch vorfinden möchten, ist es wohl besser, für das Nickerchen den Wellnessbereich aufzusuchen, wo der Alltag wie im Nu verblasst!

THE MATTHEW – COPPER LODGE
Karl-Heinrich-Waggerl-Straße 19 | 5602 Wagrain | +43 664 4015906 |
info@hotel-wagrain.eu | www.hotel-wagrain.eu

> "
>
> Bis zu 12 Personen finden
> in den einzelnen Wohnwelten
> wunderbar Platz zum Genießen –
> ein paar mehr im beheizten
> In- und Outdoorpool.
>
> "

Rudolfshöhe

Ich sag's jetzt einfach ganz unverblümt und ehrlich heraus: Ich war mir lange nicht sicher, ob ich die Rudolfshöhe überhaupt in dieses Buch aufnehmen soll. Und wisst ihr warum? Weil meine größte Sorge ist, dass ich ab jetzt nie mehr ein Zimmer bekomme, denn es gibt nur vier davon!

Mir scheint, Bad Gastein ist ja ein ganz spezielles Pflaster. „Die einen sagen, hier ist die Zeit stehen geblieben, die anderen sagen, es ist der Zeit voraus", steht auf der Homepage geschrieben und da stimme ich Letzterem zu! So haben schon Olaf und Jason vom DAS REGINA, mein Titelblatt von chic&cosy Guide Nr. 1, bewiesen, wie man einem verstaubten Hotel in Bad Gastein mit viel Geschmack und Gespür frisches Leben einhaucht. Und auch die zwei Berliner Jan und Stefan standen 2016 mit einem prall gefüllten Möbelwagen vor diesem 600 Jahre alten Haus, um hier auf 1.200 Meter Höhe ihre eigene Idee von Gastfreundschaft zu leben.

Daraus ist ein wahrlicher Prototyp für ein Mini-Boutiquehotel entstanden und im Restaurant werden die persönlichen Eindrücke von ihren Reisen aus aller Welt einge- und verkocht. Beeilt euch bitte beim Reservieren – denn auch hier sind freie Tische absolute Mangelware!

WALDHAUS RUDOLFSHÖHE
Hardtweg 1 | 5640 Bad Gastein | +43 6434 20446 |
mail@rudolfshoehe.at | www.rudolfshoehe.at

> "
>
> Schon Kaiserin Sissi hat hier gepicknickt und den spektakulären Blick ins Gasteinertal genossen.
>
> "

the cōmodo

Ich glaube, ich könnte über das Gasteinertal ein eigenes Buch schreiben. So vieles tut sich in den letzten Jahren und auch der morbide Charme in Bad Gastein weicht immer mehr neuen Häusern und Konzepten. So habe ich innerlich schon mit den Hufen gescharrt, um mir das im Jänner 2023 eröffnete Boutiquehotel anzusehen. Denn wenn sogar die New York Times über dieses Hotel berichtet, dann muss ich natürlich gleich am ersten Tag vor der Türe stehen und überprüfen, ob alles chic&cosy ist!

Indeed, it is! Aus einem ehemaligen Klinikgebäude haben die Berliner Designer Barbara und Piotr ein Hotel im Mid-Century-Stil geschaffen, das maßgefertigte Möbel und Vintage-Funde mit handverlesenen Kunstwerken kombiniert und auf Kooperationen mit aufstrebenden Kunstschaffenden setzt.

Der Blick von den Zimmern ist einfach fantastisch, aber auch das Innere eine wahre Freude für Design-Lovers! Ich bin begeistert, wie perfekt die Terrazzo-Fliesen mit dem satten Flaschengrün im Bad harmonieren. Und weil Wellness tief in der DNA von Bad Gastein verwurzelt ist, verwöhnt der Spa-Bereich mit zwei Saunen, Pool und individuellen Behandlungen.

THE CŌMODO
Kaiserhofstraße 18 | 5640 Bad Gastein | +43 6434 30432 |
info@thecomodo.com | www.thecomodo.com

> **"**
>
> Das Hotel ist ein gelungenes
> Debüt für die Marke cōmodo,
> die in den nächsten Jahren
> weltweit auftauchen will.
>
> **"**

StadlLofts

Für alle, die nicht im süddeutschen oder österreichischen Sprachraum aufgewachsen sind: Ein Stadl ist eine Scheune. Und gleich vier davon – aber ziemlich luxuriöse – stehen auf der Plattenalm in Hochkrimml.

Schon seit Jahrhunderten werden hier im Pinzgau die Scheunen in der charakteristischen V-Form gebaut und so präsentieren sich auch die umwerfend schönen StadlLofts, die 2022 eröffnet haben und darüber hinaus auch noch mit sensationellem Blick auf die Bergwelt der Zillertaler Alpen begeistern.

Chalet 1 ist mit 300 m² heimeliger Wohnfläche für große Familien, Gruppen oder auch Incentives geeignet und wird die Männerwelt mit einer eigenen Bierzapfanlage in der modernen Küche begeistern. Ich bin mir sicher, die weiblichen Bewohner schwärmen dagegen mehr von der mit Holz beheizbaren Outdoor-Badewanne in Chalet 2, jenes mit der schönen Steinfassade und dem großen Eckfenster. Sauna und prasselndes Feuer im Kamin gibts in allen Häusern und für den Einkehrschwung nach einem erfolgreichen Skitag – Piste und Lift sind übrigens auch vor der Haustür – bietet sich die gegenüberliegende Plattenalm an, die sich abends in ein À-la-Carte Restaurant verwandelt.

STADLLOFTS
Hochkrimml 234 | 5743 Krimml | +43 6564 8325 |
post@stadllofts.at | www.stadllofts.at

> "
>
> Wie praktisch: Mit der StadlLoft-Concierge-App kann man das Abendessen bequem vom Tablet oder Smartphone aus bestellen und bekommt es direkt ins Chalet serviert.
>
> "

Jausern

Erfreulicherweise wurde mir dieses im Herbst 2021 eröffnete Designhotel in Saalbach gleich mehrmals empfohlen. Daher danke an dieser Stelle auch an alle meine Leser:innen, die mich immer wieder mit großartigen Hoteltipps versorgen – gern weiter so! Aber auch ein befreundetes Paar von mir hat wunderbare Tage hier verbracht und bald wäre mein WhatsApp-Account vor lauter schönen Bildern übergegangen und darunter stand: Irmi, dieses tolle Hotel muss unbedingt in dein nächstes Buch!

Meine Neugierde war daher geweckt und so habe ich einen Skitag in Saalbach mit der Besichtigung verbunden und war schwer beeindruckt, wie die „Young Generation" aus dem ehemaligen Landhaus von Lillys Eltern ein puristisches Hideaway mit 100 Prozent Wohlfühlfaktor erschaffen hat.

31 Urlaubszimmer gibt es und die Namen „Freigeist", „Weitblicker" oder „Individualist" geben schon einen kleinen Einblick in das hier herrschende Mindset. Auch die Gäste im „Ästhet" werden ihre helle Freude mit dem stylischen Wellnessbereich haben: Auf den schicken Liegen kuscheln und dem Knistern des Kaminfeuers lauschen. So kann ein perfekter Skitag enden – meinereiner musste leider noch heimfahren.

HAUS JAUSERN
Jausernweg 497 | 5753 Saalbach | +43 6541 7341 |
haus@jausern.com | www.hotel-jausern-saalbach.at

Um das Bestehende zu Ehren,
haben Lilly und Christoph die
ehemalige Stube samt Kamin
beibehalten und hier kann
besonders gemütlich
gejausnet werden.

Villa WOSSA

„Jetzt ist schon wieder was passiert", würde der von mir verehrte Krimi-Autor Wolf Haas, der nur ein paar Kilometer von hier entfernt in Maria Alm aufgewachsen ist, an dieser Stelle sagen. Aber bitte jetzt nur keine Panik. Hier in Leogang ist nichts Schlimmes geschehen, sondern im Gegenteil: etwas ganz Wunderbares!

Über das von mir mindestens genauso verehrte Chaletdorf mit seinem grandiosen Wellnessbereich habe ich ja schon in meinem ersten Buch geschwärmt, und nun ist mit diesem Ensemble im Herbst 2022 ein weiteres Highlight dazugekommen.

An ihrem Logenplatz auf 1.100 Metern thront die Villa WOSSA, ein exklusives Chalet für bis zu vier Personen, garniert mit einem kleinen runden Seehaus, das für private Wellness-Treatments genutzt werden kann. Das absolute WOW ist aber das 500 m² große private Naturbiotop, das sich wie ein schwimmender Garten ans Haus anschmiegt. Darin eingebettet der 14 x 4 m große Infinity Pool, der ganzjährig auf 36 Grad beheizt wird. Wer hier als erstes Weihnachten gefeiert hat, findet ihr in den sozialen Medien, aber ich weiß jetzt schon ganz genau, was ICH mir heuer vom Christkind wünsche!

VILLA WOSSA – BERGDORF PRIESTEREGG
Sonnberg 22 | 5771 Leogang | +43 6583 82550 |
bergdorf@priesteregg.at | www.priesteregg.at

> **"**
>
> Die Glasfront im kleinen Seehaus
> kann komplett geöffnet werden
> und es verwandelt sich
> so in ein kuscheliges
> Outdoor-Wohnzimmer.
>
> **"**

Schönherr Haus

Shame on me! Bisher habe ich auf dem Weg nach Italien das Stubaital immer nur rechts liegen lassen. Dank Patricia hatte ich nun endlich einen Grund, mir dieses Fleckerl einmal genauer anzusehen. Und heute frag ich mich, warum ich diesen Abstecher nicht schon früher gemacht habe!

Hier befindet sich das größte Gletscherskigebiet Österreichs und noch viel wichtiger, am Ortseingang von Neustift dieses tolle Boutiquehotel mit 29 Zimmern. Das Schönherr Haus ist für mich eines dieser absolut gelungenen Paradebeispiele, wie man einem Haus aus den 90er Jahren ein frisches Outfit verpassen kann, ohne den Tiroler Charme zu verleugnen.

Schon der Frühstücksbereich ist eine Freude für alle, die gerne schön wohnen. Ich wollte am liebsten jedes Einrichtungsstück sofort einpacken und mit nach Hause nehmen: die roten Stühle, die hellgrauen Polstermöbel und die Vintage-Skier, die in der Rezeption hängen und an längst vergangene Zeiten erinnern. Die großzügigen Zimmer können auch als Appartement genutzt werden und bucht man „Freiger", so hat man einen fantastischen Blick auf den 3.418 m hohen Firngipfel, der auch beliebte Spielwiese von Alpin-Abenteuerlustigen ist.

SCHÖNHERR HAUS
Stubaitalstraße 79 | 6167 Neustift im Stubaital | +43 5226 3530 |
hotel@schoenherrhaus.at | www.schoenherrhaus.at

> Zum Haus gehört auch ein Sport-
> geschäft. Schaut bitte bei der
> Anreise, dass noch genügend Platz
> im Kofferraum leer bleibt –
> ihr werdet ihn brauchen!

Entners

Der Achensee schmiegt sich wie ein Fjord an die Bergwelt des Karwendels und hier in Pertisau – und zwar in erster Reihe an der Strandpromenade – vereint sich die Kraft der Berge und die Magie des Sees zu einem „Special Place": nämlich zu diesem Hotel, das seit 1954 Gäste beherbergt.

Ich war im Sommer inkognito zur Visite da und natürlich sofort hellauf begeistert vom „See Spa" und seinem Infinity Pool, der ganzjährig mit angenehmen 33 Grad und einer herrlichen Aussicht einlädt. Ich habe diesen schon öfters in diversen Zeitschriften bewundert, aber ich kann bestätigen – in natura ist er einfach noch viel spektakulärer.

Nicht minder schön ist die Seeterrasse mit ihren Outdoor-Möbeln in Rosé und Mintgrün, die ich gern selbst im Garten hätte, aber auch die 83 Zimmer und Suiten beeindrucken in ihrer Vielfältigkeit. 14 Variationen gibt es davon. Sie bieten einen gelungenen Mix aus rustikaler Tradition und sind in modernem Design gestaltet: Smaragdgrün wie der Achensee oder in lebhaftem Graublau wie das imposante Gebirge. Die Indoor-Wellness-Area bietet auch einen abgegrenzten Adults-Only-Bereich mit diversen Saunen.

ENTNERS AM SEE
Seepromenade 17 - 19 | 6213 Pertisau | +43 5243 5559-0 |
info@entners.at | www.entners.at

99

Mediterranes Strandfeeling
mit fantastischer Bergkulisse
am größten See Tirols.

66

Rattenberg

Rattenberg am Inn ist mit knapp 400 Einwohnern die kleinste Stadt Österreichs. „Klein aber oho", würde ich es nennen. Das mittelalterliche Stadtbild mit den bunten Häuserfassaden und den kleinen Geschäften ist malerisch und immer einen Besuch wert! Und mittendrin in der Fußgängerzone, eingebettet in die schmucken Bürgerhäuser, befindet sich das erst 2022 eröffnete Boutiquehotel.

Barbara und Martin haben das aus dem 10. Jahrhundert stammende Gemäuer 2019 erworben und den ursprünglichen Plan eines Wohnhauses schnell verworfen. Denn erst während der Sanierungsarbeiten kamen die vielen Schätze des Hauses zutage, wie Holzdecken aus dem 14. Jahrhundert oder Fragmente von historischen Wandmalereien.

Gott sei Dank, denn nun steht die schwere Holztür auch uns Boutiquehotel-Liebhabern offen. Die Penthousewohnung „Kaiser Maximilian I" überzeugt durch das schlichte und moderne Interieur sowie die fabelhafte Aussicht auf den Schlossberg und den Inn, während „Claudia von Medici" auf 80 m² mit ihrem süßen Erker und barocken Stil verzückt.

BOUTIQUEHOTEL RATTENBERG
Südtirolerstraße 45 | 6240 Rattenberg | +43 676 5555778 |
hotel@rattenberg.com | www.rattenberg.com

> **„**
>
> Meine allergrößte
> Bewunderung für dieses stilvoll
> sanierte Stadthaus und seine
> neun individuell gestalteten
> Appartements!
>
> **„**

DAS GERLOS

Was ist eigentlich das Wesentliche im Urlaub? Das haben sich Raffael und seine Eltern gefragt, bevor sie Ende 2021 ihr Hotel im Zentrum von Gerlos eröffnet haben. Und sie sind relativ rasch auf eine simple Antwort gekommen: schlafen, essen, durchatmen – repeat, bitte! Und am Besten in einem Hotel ohne Schnick, dafür mit Schnack.

DAS GERLOS ist daher kein typisches Tiroler Hotel. Das macht sich schon an der Außenfassade bemerkbar: Dachschindeln in der Farbe Maya Gold, schwarze Rahmen, großflächige Fenster und die schiffsrumpfartige Form des Hauses entlocken mir gleich ein begeistertes „Wow".

Small, smart und simple ist auch das Innenleben. Mit 20 Doppelzimmern, vier Suiten und zwei großzügigen Lofts hat das Haus eine angenehme Größe. Minimalistisch, aber funktional und mit viel Holz und warmen Materialien ist das Interieur richtig fesch, wie der Tiroler sagen würde. Nicht simple, aber simply good ist das Frühstück: Eggs Benedict, Pancakes, Porridges und vieles mehr wird in der offenen Küche frisch zubereitet, wo es auch nachmittags Snacks und Kuchen gibt.

DAS GERLOS – BOUTIQUE HOTEL
Gerlos 182 | 6281 Gerlos | +43 5284 94100 |
servus@dasgerlos.com | www.dasgerlos.com

Zur Gondel sind's nur fünf
Minuten, dafür kann man zur
Nachmittagsjause direkt
mit den Skiern zum
Hotel fahren.

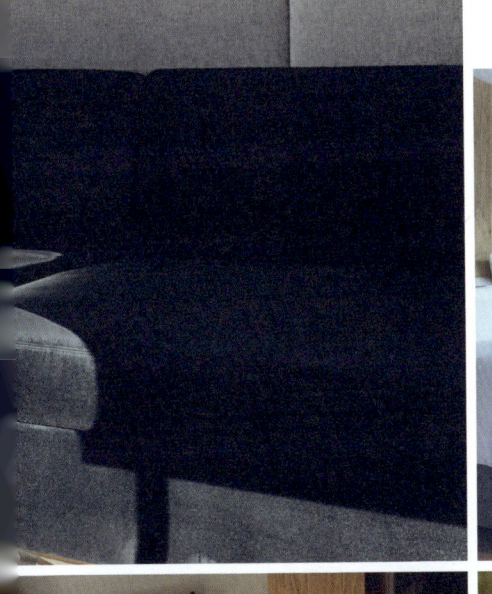

coolnest

Ein Nest ist ja grundsätzlich etwas sehr Kuscheliges. Während in der Natur nach wie vor eine sehr traditionelle Bauweise vorherrscht, wie ich beobachten konnte, haben die zwei Early Birds Verena und Stefan ihre Vorstellung vom Nistkasten ganz neu interpretiert!

Das 2021 eröffnete Designhotel beeindruckt nicht nur durch seine erhabene Lage mit fantastischem Panoramablick in die Zillertaler Bergwelt, sondern auch durch den modernen und coolen Look abseits von Hirschgeweih und Loden. Buntspechte kommen schon im Foyer auf ihre Kosten. Frische und farbenfrohe Designermöbel treffen hier auf Flohmarktstücke und im „Kuckucksnest" nebenan, gibts all-day-long kühles Bier und sowieso auch ein Gläschen Wein zum Nachmittagssnack.

Im „yogi Nest" finden für alle Gäste gratis Gruppenkurse statt und auch sonst steht der Raum für ein privates Workout zur Verfügung. Im Restaurant „Tweets Rooftop" werden abends „coolinarische" Köstlichkeiten aus aller Welt serviert. Doch davor das absolute MUST: Eine Runde im mit 34 Grad wohlig warmen Rooftop-Pool drehen und dann im „well Nest" die Ruhe genießen, wo Piepmätze unter 16 Jahren keinen Zutritt haben.

COOLNEST DESIGNHOTEL
Ramsau 425 | 6284 Ramsau im Zillertal | +43 5282 22048 |
info@coolnest.at | www.coolnest.at

> ❝
> Die Spatzen pfeifen es
> bereits von den Dächern:
> Dieses Nest ist
> absolut cool!
> ❞

ZillergrundRock

Mir scheint, im Zillertal sprießen die schicken Hotels aus dem Boden wie sonst wo die Schwammerl! Noch absolut beglückt von meiner Besichtigung des coolnest, düse ich weiter in ein Seitental des Zillertals, um mir diesen Hot-Spot anzusehen.

Wie so oft, hat auch hier alles einmal klein begonnen! Einst ein ländliches Gasthaus im Naturpark Zillergrund und jetzt haben Melanie und Christian in 5. Generation ein Luxury Mountain Resort daraus gestaltet.

Eingecheckt wird hier ganz oben und zwar im „Sky Atrium" mit seinem 360-Grad-Ausblick auf die faszinierende Alpenwelt. Zumindest gleich spektakulär wie das Naturerlebnis in diesem Tal ist der doppelte Sky-Pool mit zweimal 25 Meter Länge, der mir Begeisterung ohne Ende entlockt. Doch das Wellnesshotel hat noch viel mehr Relax-Highlights zu bieten, wie beispielsweise eine Blockhütte im Freien mit finnischer Sauna, eine Infrarotgrotte, einen Wassererlebnisweg sowie den „Dreamgarden" mit verschiedenen Liegen und Schaukeln. Wohlfühlprogramm vom Feinsten. Das rockt!

ZILLERGRUNDROCK LUXURY MOUNTAIN RESORT
Zillergrund 903 | 6290 Mayrhofen | +43 5285 62377 |
info@zillergrund.at | www.zillergrund.at

> **"**
>
> Beste Aussichten haben
> auch die Saunagäste:
> Der Blick auf die Zillertaler
> Bergwelt ist amazing!
>
> **"**

Ullrhaus

Man darf sich auch mal selbst loben. So finde ich, dass mein Guide ein Olymp des guten Hotel- bzw. Unterkunfts-Geschmacks ist und „Ullr", der nordische Gott des Skilaufs und des Winters, sicher gerne mal in Griechenland seine Kollegen zum interdisziplinären Austausch getroffen hätte!

Derweilen wohnt er aber lieber im Zentrum von St. Anton am Arlberg. Eingebettet in imposante Gipfel und rasante Abfahrten befindet sich dieses göttliche Designhotel, dem er auch seinen Namen geliehen hat.

Skandinavisch angehaucht ist natürlich auch der gesamte Stil des Hauses. Die Serviced Appartements, Suiten und Zimmer begeistern auch Irdische wie mich, durch die klaren Linien, das helle Holz und die naturnahen Farben. Der Spa-Bereich mit Sauna, Dampfbad, Ruheraum und 17-Meter-Indoorpool ist sowieso der krönende Abschluss eines erfolgreichen Skitags. Aber wo würde Ullr sich am liebsten aufhalten? Ich bin mir ganz sicher: in der gemütlichen Lobby. Weil das Bier nicht ganz so teuer wie zuhause ist, sitzt er mit einem Glas an der Bar, schaut dem Feuer im Kamin beim Lodern zu und ist stolz, dass sein Ullrhaus so außerordentlich gut gelungen ist.

ULLRHAUS
Alte Arlbergstraße 2 | 6580 St. Anton am Arlberg | +43 5446 35200 |
info@ullrhaus.at | www.ullrhaus.at

Hausherr Michael kocht
selbst auf und kombiniert
nordische und alpine Einflüsse
im Ullrs Wine & Dine
Restaurant.

Waldchalets Brandnertal

Wisst ihr, was „Shinrin Yoku" bedeutet? Waldbaden! Das ist eine aus Japan stammende und anerkannte Therapieform zur Stressbewältigung und bedeutet das bewusste Aufsaugen der Natur, deren Gerüche oder auch das Umarmen der Bäume.

Wer diesen internationalen Gesundheitstrend einmal selbst ausprobieren möchte, dem kann ich die fünf Chalets im Brandnertal ans Herz legen. Unter Lärchen am Waldrand absolut ruhig gelegen, bieten sie Platz für zwei bis sechs Personen und begeistern sofort mit ihrem feinen Holzduft, den natürlichen Materialien und der modern alpinen Architektur.

Durch das große Panoramafenster kommt die Natur gleich von selbst ins Haus hinein und blickt man hinaus, dann beeindrucken die mächtigen Berge des Rätikons auch jene, die lieber im Wasser baden. Der Badesee ist fußläufig nur ein paar Minuten entfernt, wie auch das Dorf, die Bergbahn, der Kletterpark, der Tiererlebnispfad sowie „Die Spezerei" von Hausherr Hannes, ein Laden, in dem es ausgewählte Spezialitäten aus der Region zu kaufen gibt. Weil Baden immer hungrig macht, egal ob im Wald oder im See, schmeckt das Bier aus Lech und der Käse aus dem Brandnertal dafür gleich doppelt so gut!

WALDCHALETS BRANDNERTAL
Schedlerhof 34 | 6708 Brand | +43 664 88469401 |
servus@waldchalets-brandnertal.at | www.waldchalets-brandnertal.at

Ein paar Meter von den Chalets entfernt befindet sich die „Speis", die Vorratskammer, die rund um die Uhr offen hat und wo es unter anderem Nudeln, Eier, Käse und Speck zu kaufen gibt.

tanne

05

Mount74

Ist das Mount74 eine Almhütte, ein Chalet oder ein Mini-Hotel auf 1750 m Höhe inmitten Österreichs größtem Skigebiet? Ich weiß es nicht genau, aber eins weiß ich dafür ganz sicher: Ihr wärt genauso verliebt wie ich in dieses Holzhaus aus dem 16. Jahrhundert, das für mich der perfekte Ort für ein Remake des Videos zu *Last Christmas* wäre!

Im Geiste überlege ich schon, wen ich mitnehme, weils nur vier Zimmer gibt, wie mein Mann mit Vokuhila aussieht und ob ich mir jemals wieder eine Dauerwelle mache ... So Gedankenversunken hätte ich fast übersehen, mich beim Eintreten zu bücken – ja, damals war die Bevölkerung noch ein bisschen kleiner.

Der Welcome-Drink, ein hausgemachter Punsch, schmeckt herrlich und dann sitze ich mit Sabrina in der alten Stube und sie erzählt mir, wie sie beim Wandern dieses Kleinod entdeckt hat. Es war gar nicht so leicht, den Besitzer von ihren Plänen zu überzeugen. Letztlich hatte er aber Einsicht und so wurden die „Liebeskammer", der „Hexen- und Ochsenboden" sowie der „Seekopf" mit bequemen Boxspringbetten und luxuriösen Badezimmern ausgestattet. Ich bin zwar ein Weihnachts-Muffel – aber hier oben käme sogar ich in Stimmung!

MOUNT74
Zürs 74 | 6763 Lech | +43 670 7744744 |
hello@mount74.at | www.mount74.at

99

Die Fass-Sauna mit Panoramafenster in die Berglandschaft ist
perfekt zum Entspannen nach
dem Skitag und der Hot Tub
kann für den ganzen Tag
exklusiv gebucht werden.

66

Burgi's

Mit einem einzigen Bild hat dieses 2019 neu erbaute Boutiquehotel mein Herz erobert: der große Tisch im Foyer, der kommu-
nikatives Zentrum des Hauses ist und auch beim Frühstück mit
seiner Aussicht auf die Piste bzw. Wiese begeistert.

Immer wieder beobachte ich, dass Menschen im Restaurant
oder Hotel alleine essen und das macht mich traurig. Ja gut, im
Honeymoon gibts nur Augen füreinander oder man ist beruf-
lich unterwegs und hat schon genug quasseln müssen. Ich
glaube aber, dass es viele Leute wie Burgi und mich gibt, die
aufgeschlossen sind für neue Begegnungen. Viele interessante
Gespräche haben hier schon stattgefunden, erzählt die junge
Gastgeberin. Und sogar Freundschaften haben sich entwickelt,
die auch nach dem Urlaub weitergepflegt wurden.

Im Adults-only-Haus ist die Trust-Bar rund um die Uhr geöffnet
und darum kommen die 12 modern eingerichteten Zimmer auch
gut ohne Minibar aus. Dafür gibts einen tollen Blick zum Omeshorn oder ins Zugertal bzw. nach Lech und eine kleine Sauna zum
Relaxen nach einem sportiven Tag.

BURGI'S LIVING
Zug 759 | 6764 Lech | +43 664 9271763 |
info@burgis-lech.at | www.burgis-lech.at

> 99
>
> LGBTQ+ steht auf der
> Startseite der Homepage.
> Da musste ich jetzt auch mal
> Google befragen.
> Daumen hoch dafür,
> liebe Burgi!
>
> 66

Schwarzwand

Die eine ist in Lech geboren, hat in Florenz studiert und arbeitet dort als Architektin. Die andere ist in Florenz geboren und arbeitet nun als Gastgeberin im familieneigenen Hotel. Mit diesem perfekten Mutter-Tochter-Gespann hat nun auch am Arlberg endgültig das „dolce vita" Einzug gehalten.

So rustikal das Haus aus den 70er-Jahren auch von außen erscheinen mag, so sehr begeistert in vielen Zimmern und im Loungebereich das italienische Flair. Das „dolce far niente" gelingt hier besonders gut: An der mit Marmor verkleideten Bar gibts die Cocktails Negroni und Bologna und der Espresso wird naturalmente mit Biscotti serviert. Die tiefen Fenster geben den Blick auf das grandiose Omeshorn frei. Gemütlich auf den wohlig warmen Kissen sitzen und zur Tiefenentspannung statt Schäfchen einfach „Gondelchen" zählen, welche Skifahrer aus aller Welt auf den Rüfikopf bringen.

Auch in den Zimmern setzt sich das feine Gespür für Design und Eleganz von Birgit durch, die 30 Jahre in der Toskana verweilte. Die Holzvertäfelung bzw. Paravents hinter den Betten machen den Raum absolut heimelig und das raffinierte Lichtkonzept sorgt für eine besonders wohlige Atmosphäre. Hotel Schwarzwand – ti amo!

HOTEL SCHWARZWAND
Dorf 308 | 6764 Lech | +43 5583 2469 |
hotel@schwarzwand.com | www.schwarzwand.com

„

Eine besondere Liebesbeziehung
zwischen italienischem Leinen
und österreichischen Loden-
stoffen in Lech am Arlberg.

„

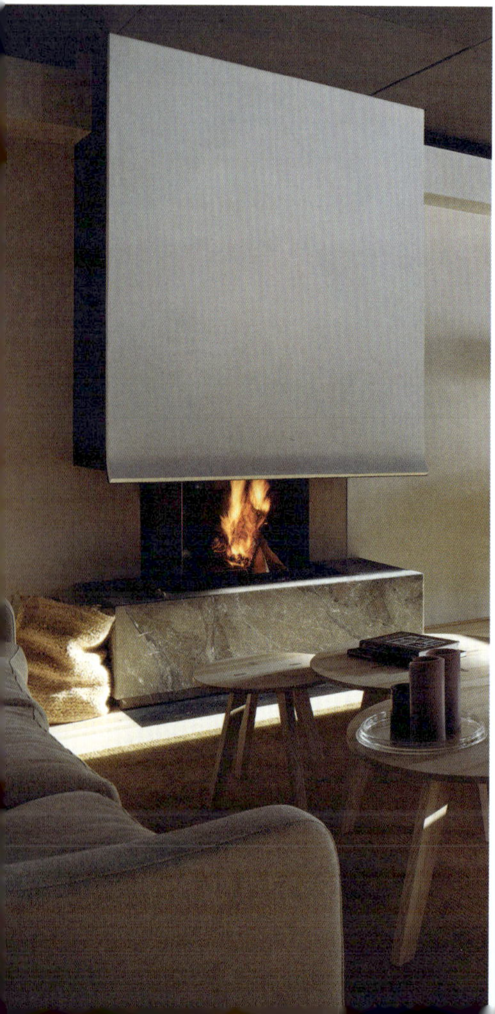

Tempel 74

„Perfektion ist nicht dann erreicht, wenn es nichts mehr hinzu-
zufügen gibt, sondern, wenn man nichts mehr weglassen kann",
sagt Antoine de Saint-Exupéry, der Autor von „Der Kleine Prinz"
und hat wohl schon damals von den zehn Appartements im
Zentrum von Mellau philosophiert.

Absolut minimalistisch und geradlinig sind diese ausgestattet
und schaffen trotzdem eine architektonische Verbindung zur
traditionellen Bauweise des Bregenzerwaldes – und noch viel
wichtiger: ein befreiendes Gefühl der Leichtigkeit und Reduktion
in unserer oftmals prall gefüllten Welt unnötiger Objekte.

Ich könnte jetzt natürlich alle Auszeichnungen aufzählen, die
dieses Projekt im Laufe der letzten Jahre erhalten hat, doch ich
schwärme hier lieber noch weiter von der gemütlichen Lounge.
Mit der großen Küche, einem Kühlschrank mit Take-Away-Gerich-
ten von heimischen Haubenköchen, dem wärmenden Kamin-
feuer und den gemütlichen Sitzecken mit erlesener Bücheraus-
wahl, ist sie der Social Place des Hauses. Ich durfte den guten
Kuchen von Gastgeberin Evi verkosten, der zur freien Entnahme
einlud, und kann bestätigen: Hier ist einfach alles ein Tempel des
guten Geschmacks!

TEMPEL 74
Tempel 74 | 6881 Mellau | +43 5518 21076 |
info@tempel74.at | www.tempel74.at

> Der Tempel 74 wurde beim German Design Award 2020 in der Kategorie „Excellent Architecture" ausgezeichnet.

Berghaus Schröcken

Keine Ahnung warum, aber diese rot-weiß-roten Fensterbalken finde ich irgendwie typisch österreichisch. Und weils hier gleich so viele davon gibt, verleihen sie dieser 2022 eröffneten Hotelanlage mit der Seele einer Berghütte ein besonders frisches Gesicht. „Wir sind kein luxuriöses Hideaway, sondern ein sportlich-geselliger Treffpunkt netter Leute", steht auf der Homepage.

Das mit dem Luxus ist ein wenig untertrieben, finde ich, denn die Chalets, Studios und Appartements, wo in manchen fast zwei Fußballmannschaften Platz finden, sind ziemlich hochwertig und gemütlich eingerichtet.

Luxus pur ist auch das ganze Freizeitprogramm: Der Skibus macht direkt vor dem Hotel halt und in den wärmeren Monaten stehen täglich Wanderungen auf dem Programm, die vom ausgebildeten Berghaus-Team selbst geführt werden. In den Sommerferien gibts den Berghaus Kindertreff mit Laubsägen, Nähen und Malen sowie für die Teenies den Jugendclub. Ein Beach-Volleyball-Platz und eine Boccia-Bahn stehen auch zur Verfügung und wer jetzt schon vom Lesen der ganzen Aktivitäten ein bisschen erschöpft ist, dem empfehle ich den Wellnessbereich mit Saunen und Außenpool.

BERGHAUS SCHRÖCKEN
Schröckbach 129 | 6888 Schröcken | +43 5519 22600 |
servus@berghaus-schroecken.at | www.berghaus-schroecken.at

„Alwins Stammtisch", das
Restaurant im Berghaus,
steht für die traditionelle,
gesellige und einfache Art zu
essen: Es gibt, was es gibt.
Und das wird mitten auf
den Tisch gestellt.

HALWINA

Auf meiner chic&cosy Erkundungstour durch Vorarlberg nächtige ich im Tempel 74. Und weil die Welt sowieso klein ist, auch hier im Ländle, erfahre ich, dass der Hausherr Jürgen Haller ein äußerst begnadeter Architekt ist und auch dieses architektonische Juwel seine Handschrift trägt.

Benannt nach Oma Hanna und Opa Alwin, die an diesem Platz einst gewirkt, gearbeitet und gelebt haben, ist dieses neu errichtete Haus eine Hommage an den Bregenzerwald und Ediths Großeltern. Gemeinsam mit ihrem Mann Peter hat sie den einstigen Hof komplett neu aufgesetzt und seit 2022 können die beiden Appartements Hanna und Alwin bewohnt werden.

Habe ich gerade „bewohnen" gesagt? Nein, hier wohnt man nicht. Hier ist man einfach sofort zuhause und möchte nie mehr ausziehen. Denn einfach alles bringt meine Augen zum Leuchten: die floralen Textiltapeten in den Schlafzimmern, die traditionelle Kassettendecke im Wohnzimmer, die kunstvolle Ornamentik des Kachelofens, die modernen Designlampen über dem Herd und die neu interpretierten bunten Bauernstühle mit Herzerl in der Rückenlehne. Und wisst ihr welches Detail mir noch aufgefallen ist: Edith hat ihre selbst genähten Vorhänge einfach „verkehrt" aufgehängt. Das müsst ihr euch aber bitte selbst ansehen!

HALWINA HIDEAWAY
Tieftobel 72 | 6852 Sibratsgfäll | +43 676 82351000 |
hallo@halwina.at | www.halwina.at

> Auf 250 m² und drei Etagen bietet Hanna Platz für maximal zehn Personen, eine Sauna und einen Yogaraum sowie einen fantastischen Blick über den Bregenzerwald mit seinen Tannenwäldern und Bergen.

Galántha

So wie der Topf zum Deckel gehört, der als Energiesparmaß-
nahme gerade eine Renaissance erfährt, gehört die Familie
Esterházy seit Jahrhunderten zum Burgenland. Das wunder-
schöne Schloss Lackenbach findet ihr schon in meinem ersten
Guide und jetzt freue ich mich umso mehr, dass die Esterházy
Stiftung ein ehemaliges Verwaltungsgebäude in dieses schicke
Hotel verwandelt hat und damit nun auch dieses Buch veredelt.

Gleich nach Betreten des Hauses fällt mein Blick begeistert auf
den überdimensionalen, petrolfarbigen Vogelkäfig, der mit üppi-
gen Pflanzen bestückt ist. Petrol, Senf, Salbei und Koralle sind die
Farben, die sich auch durch das ganze Haus ziehen und spiegeln
die Leidenschaft der Familie für Gärten wider.

Aber auch der Holzkamin im Foyer und der offene Grill samt
Schauküche im Restaurant PAULGARTEN sind absolute Hingucker. Besonders spannend zum Gucken, und zwar auf das Schloss
Esterházy, über die ganze Stadt und an schönen Tagen sogar bis
zum Neusiedlersee, ist die Rooftop-Bar – die einzige im nördlichen Burgenland. Deshalb unbedingt gleich einen Tisch für
den nächsten Flying Brunch mit Live-Musik buchen und die tolle
Aussicht genießen.

GALÁNTHA
Esterházyplatz 3 | 7000 Eisenstadt | +43 2682 23333 |
info@hotelgalantha.at | www.hotelgalantha.at

> ,,
>
> Der Name Galántha kommt übrigens von einem kleinen Ort in der Slowakei und ist Herkunftsort der Familie Esterházy.
>
> ,,

The Parcels

Egal wo ich aufgrund meiner Buch-Recherchen hinkomme – es plagen alle die gleichen Sorgen: Der Personalmangel in der Gastronomie und Hotellerie. Immer wieder wird von der Abwanderung in andere Berufe gesprochen, doch zum Glück wird gelegentlich auch „immigriert"!

So hängte Klaus seinen Job an den Nagel, um „back to the roots" im alten Obstgarten aus Familienbesitz Nägel mit Köpfen zu machen, und zwar in Form eines Mini-Hotels bestehend aus zehn Tiny Homes. „Small is beautiful" ist das Motto dieser kleinen Raumwunder: Auf 26 m^2 Größe haben Schlafzimmer, Badezimmer, Flat-TV, Kühlschrank und Klimaanlage Platz sowie Outdoor noch eine eigene Terrasse für den Sundowner. Unterstützt wird der Hausherr von Freundin Denise und dem eigentlichen Hoteldirektor Ferdinand – ein Dackelmischling aus dem Tierheim.

Auf den diversen Buchungsplattformen hagelt es Lob ohne Ende für diesen Happy-Place unweit der Podersdorfer Seepromenade. Auch das Frühstück macht außerordentlich glücklich: Porridge, Smoothie Bowls, belgische Waffeln oder auch Milchreis Bali-Style wird im Haupthaus kredenzt, wo es auch einen kleinen Shop mit Lieblingsweinen und lokalen Goodies gibt.

THE PARCELS HOTEL PODERSDORF
Seeweingärten I/9 | 7141 Podersdorf am See | +43 676 9565375 | theparcelshotel@outlook.com | www.theparcelshotel.com

> **"**
>
> Eine chillige Adults-Only-Location mit Mini-Pool inmitten einer grünen Oase.
>
> **"**

Ziniels

Reisen bildet ja bekanntlich und so kann ich voller Stolz erzählen, dass ich in St. Ändrä am Zicksee gelernt habe, was ein Streckhof ist! Bis 1950 wurden sie im Burgenland gebaut, diese sehr langen und schmalen Wohn- bzw. Stall- und Scheunengebäude, immer direkt mit der langen Seite an den Nachbarn angrenzend und meistens an einer Hauptstraße gelegen.

So muss ich auch hier bei Ziniels erstmals ein paar Häuser entlangspazieren, bis ich den richtigen Eingang finde und in die Welt des Streckhofs eintauchen kann. Was sich alles hinter der schmalen Fassade befindet, das erkennt man erst auf den zweiten Blick.

Die vier Appartements, alle mit direktem Eingang über den Innenhof, können einzeln oder auch als Gesamtes für Familien oder Gruppen aller Art gemietet werden und befinden sich im ehemaligen Presshaus, in der Sommerkuchl oder im früheren Kuhstall, wo ich, als Bauernkind, mich natürlich am liebsten einmieten würde. Wenn ihr auf der nächsten Seite das Bild links unten genau betrachtet, dann seht ihr noch den originalen Futtertrog, wo sich die Kühe das Heu haben schmecken lassen. Urlaub am Bauernhof 2.0 mit schöner Laube für die Abendstunden.

WEINGUT ZINIELS ZICKSEE
Hauptstraße 47 | 7161 St. Andrä am Zicksee | +43 676 9333604 |
office@ziniel.at | www.ziniels.at

„

Das Weingut der Familie Ziniels ist nur ein paar Schritte entfernt und lockt mit Chardonnay und Zweigelt, um ein paar edle Tropfen zu nennen.

"

The Resort

Im Laufe des Lebens wird man oft nach dem Lieblingstier gefragt: beginnend schon im Kindergarten, beim Ausfüllen des „Freundebuchs", später dann auf Dating-Plattformen oder beim Zurücksetzen von vergessenen Passwörtern. Seit mindestens einem Jahrzehnt lautet meine Antwort immer: Die Großtrappe!

Sie ist nicht nur das Wappenzeichen der Marktgemeinde Andau und der größte flugfähige Vogel Europas, sondern ziert auch das Etikett meines Lieblingsweines „Big John". Das Weingut Scheiblhofer ist mir daher bestens vertraut. Umso aufmerksamer habe ich die Eröffnung von „The Resort" mitverfolgt und vergebe auch gleich 100-Wein-Punkte für dieses coole Hotel.

Das 4-Sterne-Superior-Wein-Wellness-Resort beeindruckt allein schon durch seine großartige Architektur. Wie ein Ozeandampfer steht es da, umgeben von einem großzügigen Garten mit eigenem Obst-, Gemüse- und Kräuteranbau. Familien und Geschäftsleute sind gleichermaßen willkommen: Neben dem 4.000 m² großen Wellnessbereich gibts für Kids eine eigene „Youngstar Waterworld" und für Business-People perfekt ausgestattete Seminar- und Veranstaltungsräume. Und das muss ich auch noch erwähnen: Den tollen Kletterpark am Andreasberg hat übrigens mein Mann gebaut.

SCHEIBLHOFER THE RESORT
Resortplatz 1 | 7163 Andau | +43 2176 2610800 |
reservation@theresort.at | www.theresort.at

> **99**
>
> Dschungel-Feeling:
> Im Foyer des Scheiblhofer-
> Flaggschiffs stehen bis zu acht
> Meter hohe Pflanzen.
>
> **66**

Motel One

Ich habe mich ja schon in meinem zweiten Buch als riesen Fan(in) dieser Low-Budget-Kette geoutet und deshalb freue ich mich besonders, dass nun auch das erste Haus in der Steiermark eröffnet hat. Mitten im Zentrum von Graz, am Jakominiplatz, öffnete das Hotel im Juli 2022 seine Pforten in einem historischen Gebäude. Und das Innenleben könnte kontrastreicher nicht sein.

Die Grazer Künstlerin Carola Deutsch sorgt mit ihren bunten und ausdrucksstarken Elementen und Bildern – das größte hängt im Frühstücksbereich und misst ganze 7 x 4 Meter – für einen absoluten Wow-Effekt. Ihre Kunst soll das lebendige, bunte aber auch mutige Graz verkörpern, und ich finde das ist echt gut gelungen.

Das starke Design-Konzept findet sich im gesamten Haus wieder. Historisch anmutende Leuchten, Wände aus Stuck und Wandvertäfelungen passen gut zu modernen Möbeln und Teppichen. Die Tresenfront der Rezeption, die ebenfalls als Bar dient, ist mit original historischem Fischgrätparkett verkleidet und im Hotel finden sich immer wieder Pflanzenmotive, die das grüne Herz der Steiermark symbolisieren.

MOTEL ONE
Jakominiplatz 7 | 8010 Graz | +43 316 2315280 |
graz@motel-one.com | www.motel-one.com

> Top Preis-Leistungs-Verhältnis
> und cooles Design –
> darauf kann man
> sich bei Motel One
> immer verlassen!

Der Pfarrhof

Wie schon beim Boutiquehotel Rattenberg, hat auch hier in Hartberg ein besonderes Gebäude die Herzen zweier Menschen erobert und aus ihnen leidenschaftliche Gastgeber gemacht.

Der denkmalgeschützte Pfarrhof inmitten der Lebing Au ist schon seit 1775 ein Ort des klerikalen und weltlichen Zusammenseins. Als er 2019 zum Verkauf stand, haben Eva und Oskar nicht lange überlegt. In unmittelbarer Nachbarschaft zum Familienbetrieb perfekt gelegen, ist er nun wieder ein frisch belebter Treffpunkt für Menschen, die es lieben, in schöner Umgebung zu feiern und zu wohnen.

Im Obergeschoss des Pfarrhofs befinden sich fünf großzügige Zimmer sowie eine kleine Wohnung mit historischer Holzdecke, die 2022 geschmackvoll renoviert und eingerichtet wurden. Zwischen all dem Neuen haben auch über die Jahre gesammelte Fundstücke ihren Platz gefunden, ganz nach dem Motto: alte Dinge bewahren und trotzdem Modernes schaffen. Das Erdgeschoss und der teilweise überdachte Innenhof können gemietet werden und geben einen wunderbaren Rahmen für Hochzeiten, Geburtstagsfeiern, Ausstellungen oder auch für Seminare und Workshops.

DER PFARRHOF
Josef-Hallamayr-Straße 32 | 8230 Hartberg | +43 664 3915232 |
willkommen@derpfarrhof.at | www.derpfarrhof.at

> "
> Die Kirche Maria Lebing
> ist in unmittelbarer Nähe und
> nach einer schönen Trauung kann
> hier im Pfarrhof beim Feiern auch
> ein bisschen gesündigt
> werden.
> "

Grabenschake

Dietmar und ich haben eines gemeinsam: Wir beide sind bäuerlichen Standes. Der PURESLeben Gründer ist im Weingut Silly in der Südsteiermark zwischen den Weinreben aufgewachsen und ich zwischen den Tieren am Hof, ein bisschen außerhalb von Salzburg.

Der umgebaute Stall, wo ich heute wohne, ist zwar nicht ganz so bescheiden wie der von Franz Eberhofer aus Rita Falks Romanen, aber leider auch nicht ganz so beeindruckend wie dieses 200 Jahre alte Bauernhaus Deluxe! In absoluter Alleinlage, umgeben von 55.000 m² Natur, ist dieses Refugium mit dem Neubau aus Komplettverglasung ein absoluter Sehnsuchtsort für alle, die Ruhe und Erholung suchen.

Auf 144 m² Wohnfläche finden sich zwei Schlaf- sowie zwei Badezimmer und so ist das Premiumhaus ideal für einen Familienausflug oder auch für zwei Pärchen. Natürliche Materialien wie Holz, Stein und Leinen prägen das edle Interieur und bringen die steirische Landschaft durch die großen Glaselemente ins Innere. Mein absolutes Highlight: der zehn Meter lange beheizte Außenpool, in dem man ganzjährig seine Bahnen ziehen kann.

PURESLEBEN – GRABENSCHAKE
Oberhaag 110 | 8455 Oberhaag | +43 664 2155044 |
info@puresleben.at | www.puresleben.at

> Auf Wunsch werden hausgemachte und steirische Spezialitäten aus dem eigenen Restaurant „Sillys Kuchl" direkt ins Haus geliefert.

Winkel Art

Eine Freundin, die auch gerne reist und meinen Geschmack für erlesene Unterkünfte teilt, hat letztens zu mir gesagt: „Meine Lieblingshotels verrate ich dir jetzt nicht mehr, sonst fahren alle deine Leser:innen hin und es sind keine Geheimtipps mehr!"

In ihrer Begeisterung hat sie mir versehentlich aber doch wieder von einem besonders schönen Hotel vorgeschwärmt. So düse ich gleich los und als ich ankomme, ist mir sofort klar, was sie meinte.

Die einzigartige Lage mit Blick über die Weingärten und die süd-steirische Hügelwelt ist wirklich atemberaubend! Ein Traum auch das gesamte Haus, das sich auf mehrere Ebenen verteilt. Oben die chillige Lounge mit Kamin für die kühleren Tage, darunter der wundervolle Seerosenteich und die gleichnamigen Studios mit privater Terrasse. Noch ein paar Treppen weiter und der blitzblaue Weingarten-Pool wartet mit gemütlichen Liegen auf alle, die ins kühle Nass und ins Panorama eintauchen möchten. Und das Beste: Gastgeberin Uli liest euch alle Wünsche von den Augen ab!

WINKEL ART HOTEL
Sulztal an der Weinstraße 13 | 8462 Gamlitz | +43 3453 22101 |
welcome@winkelhotel.at | www.winkelhotel.at

> Die Zimmer sind mehr als großzügig und überall findet man Kunstwerke kombiniert mit modernem Mobiliar und antiken Schränken.

Steirereck am Pogusch

So, jetzt ist es wieder so weit! Wie soll ich nur die Vielfalt dieses unglaublichen Platzes am nördlichen Ende der steirischen Welt in so wenigen Zeilen beschreiben? Ich probier's mal!

Es ist ein bisschen wie Urlaub auf dem Bauernhof. Man schläft im ehemaligen Kuhstall, aber in fünf luxuriösen Zimmern wie beispielsweise im „Fuchs- und Hennen-Zimmer" ganz kuschelig unterm Giebel mit freistehender Badewanne und der von mir geliebten Deckenlampe „Fil de Fer" von Catellani & Smith. Für eine romantische Nacht im Wald empfehle ich die „Rehlein-hütte" und man muss keinen eigenen Vogel haben, um von den Häusern „Specht", „Uhu" und „Gimpel" begeistert zu sein.

Hier oben auf 1.100 m Seehöhe kann man sogar sein eigenes „Himmelreich" mieten, und zwar in Form eines Baumhauses! Seit 2022 werden die überdimensionalen Holzstämme mit Innen-leben auf drei Etagen bewohnt und der Blick vom Bett direkt auf Wald und Wiese ist unglaublich. Und weil das Waldbaden auch hungrig macht, gibts im wohl berühmtesten Landgasthaus Österreichs, nur ein paar Schritte entfernt, von Donnerstag bis Sonntag gehobene Wirtshausküche mit Produkten aus eigener Landwirtschaft.

WIRTSHAUS STEIRERECK AM POGUSCH
Pogusch 21 | 8625 Turnau | +43 3863 2000 |
pogusch@steirereck.at | www.steirereck.at

> **"**
> Schlafen wie in Pinocchios Nase.
> Ein absolut außergewöhnliches
> Erlebnis – nicht gelogen!
> **"**

Steirereck am Pogusch

Ich habs ja schon zuvor angekündigt, dass mir die Zeilen ausgehen, um diesen herausragenden Ort zu beschreiben. Die Bilder von den Kuhstallzimmern, den Hütten sowie Vogelhäusern müsst ihr euch im Internet ansehen, doch vom Glashaus muss ich hier unbedingt noch erzählen!

Birgit und Heinz haben schon von Berufs wegen viel mit Landwirten und Gärtnern zu tun. Nur damit ich's kurz erwähne – das Steirereck im Wiener Stadtpark gehört seit Jahren laut einem renommierten, internationalen Ranking zu den „World's 50 Best Restaurants". Und dabei ist ihnen aufgefallen, dass die Glashäuser immer auch gemeinschaftlich genutzt wurden und dort gegessen und gefeiert wurde.

Seit 2022 kann man daher auch am Pogusch in 10 Kabanen nächtigen und die Schönheit und Vielfalt der Natur hautnah erleben. Die Schlafkuben sind alle mit heimischen Hölzern vertäfelt und im Glashaus verteilt. Eine versperrbare Umkleide und großzügige Waschbereiche gibts natürlich auch und in der Ahornsauna wird ordentlich eingeheizt. Absolut cosy ist auch das Kaminzimmer im zweiten Stock mit dem einladenden Couchbereich. In diesem Ambiente blüht wirklich jeder auf!

WIRTSHAUS STEIRERECK AM POGUSCH
Pogusch 21 | 8625 Turnau | +43 3863 2000 |
pogusch@steirereck.at | www.steirereck.at

> **"**
>
> Wer in der Landwirtschaft
> oder Küche mitarbeiten möchte,
> kann sich bis zu 50 % des
> Kabanenpreises
> ersparen!
>
> **"**

Montestyria

Seit über einem Jahrzehnt organisiere ich nun für meine Damen-runde, mittlerweile schon an zwei Wochenenden pro Jahr, einen gemeinsamen Ausflug. Und wisst ihr, wie unsere WhatsApp-Gruppe heißt? Die Pilgerinnen. Das hat jetzt recht wenig mit unserer religiösen Gesinnung zu tun, sondern wir pilgern einfach durch Österreich, um die schönsten Plätze unserer Heimat zu entdecken.

Solltet ihr jetzt auch Lust auf solch eine Wallfahrt bekommen haben, kann ich euch Mariazell und das im Herbst 2022 neu eröffnete Bergdorf Montestyria empfehlen. Die sechs Chalets und die beiden Panorama-Suiten im Haupthaus liegen direkt am Fuße der Mariazeller Bürgeralpe und sind nicht nur ganz entzückend eingerichtet, sondern begeistern auch mit einem atemberaubenden Blick auf die berühmte Basilika.

Eine gut gekühlte Flasche Messwein – nein, es ist eh ein Grüner Veltliner Sekt – wartet bei der Anreise schon auf die Gäste und dann bitte gleich an den Pool, um von dort die wunderbare Gegend anzubeten. Oder gleich an den nahegelegenen Erlauf-see, wo ein eigener Badesteg exklusiv für die Hausgäste reser-viert ist.

CHALET-HOTEL MONTESTYRIA
Kalvarienberg 5 | 8630 Mariazell | +43 3882 93080 |
office@montestyria.at | www.montestyria.at

> **"**
>
> Das Frühstück mit regionalen Köstlichkeiten wird ins Chalet serviert und Kaffee und Kuchen gibts jeden Nachmittag in der Homebase.
>
> **"**

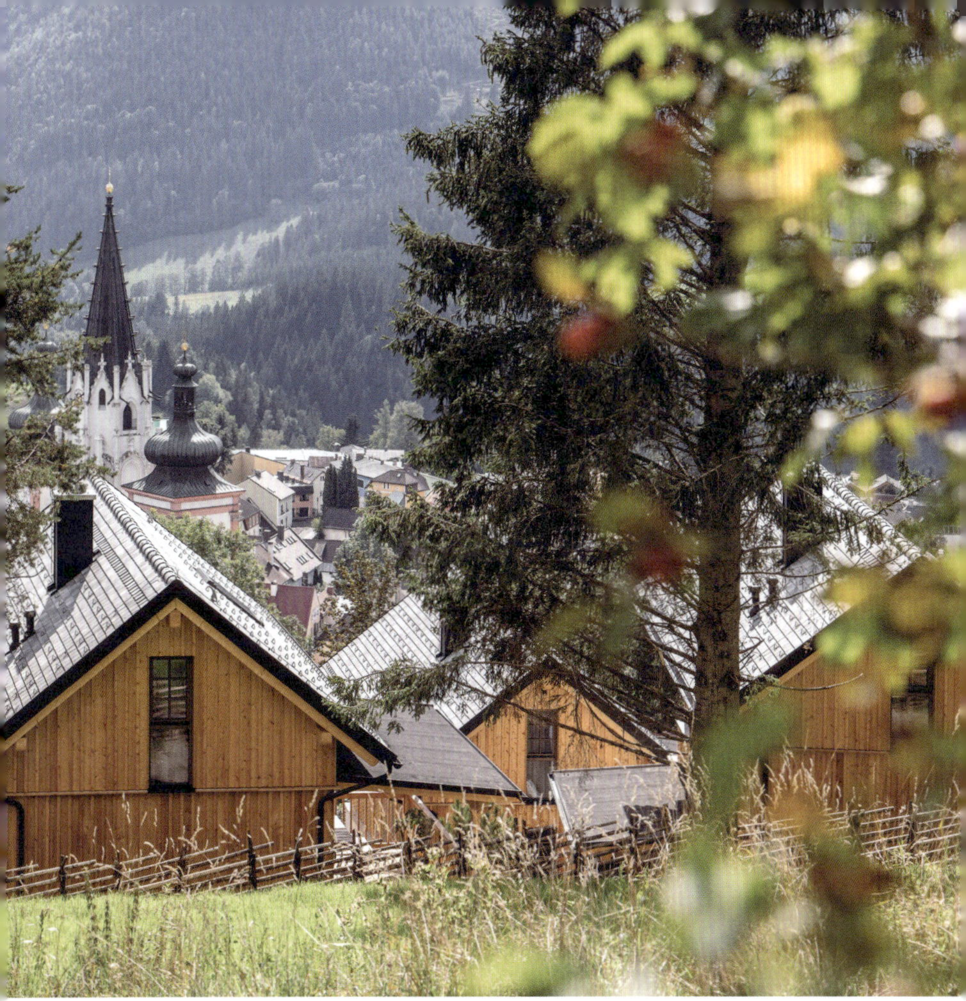

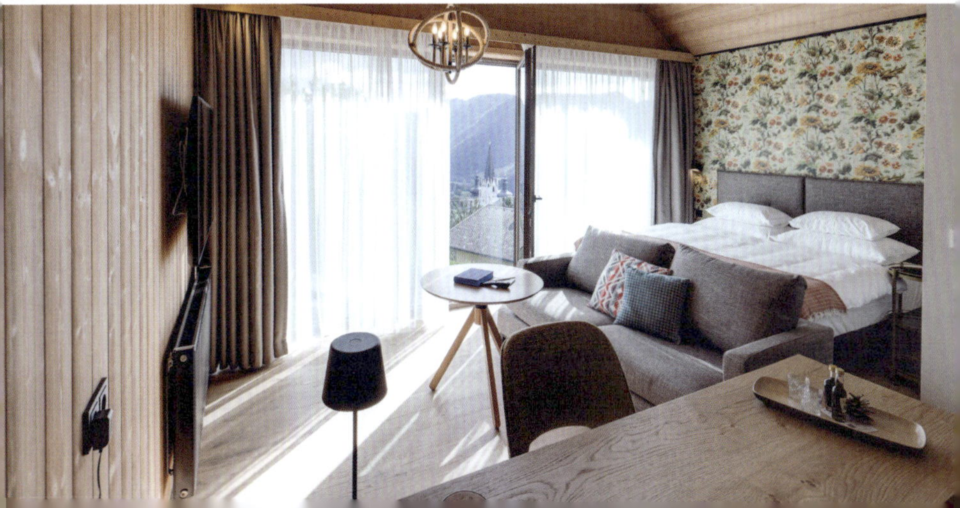

Sloho

Die meisten von uns haben einen Beruf. Und dann gibts noch Leute wie Familie Slodnjak und mich, die darüber hinaus so ganz plötzlich und unerwartet eine „Berufung" verspüren. Ich dachte mir im Herbst 2020: Hey, ich suche doch immer für all meine Freund:innen und Familie die schönsten Unterkünfte für den Urlaub aus. Warum fasse ich nicht gleich meine Lieblingsplätze in einem Buch zusammen? Damira und ihren Eltern Jelka und Vladi gings ähnlich.

2012 waren sie erstmals im Urlaub in Hohentauern und sofort von der Gastfreundschaft der Menschen, der unberührten Natur und der steirischen Lebensart begeistert. Der Rest der Geschichte ist schnell erzählt: 2013 stand ein idyllisches Appartementhaus mit drei Einheiten mitten im Skigebiet zum Verkauf und kurze Zeit später waren sie Gastgeber. 2018 erfolgte der Zubau von sechs weiteren Ferienwohnungen und einige davon bekommen aktuell noch eigene Sauna-Häuschen dazu.

So, jetzt bleibt mir schon wieder kein Platz mehr, um vom liebevollen Interieur, der tollen Aussicht und den gemütlichen Holzöfen zu schwärmen, aber die Bilder sagen ohnehin mehr als tausend Worte. Eine wunderbare Melange aus Slowenien und Hohentauern – Sloho!

SLOHO BERGURLAUB
Feriensiedlung 189 | 8785 Hohentauern | +43 676 9644628 |
urlaub@sloho.at | www.sloho.at

"

Bei Sloho werden die Gäste
auf Schiefertäfelchen vor den
Appartements namentlich
begrüßt. Da fühlt man sich
doch gleich wie zuhause,
oder?

"

das bleibt

Das Haus des Großvaters bedurfte einer dringenden Sanierung und der gut gemeinte Rat der Architekten war: Abriss und Neubau. Nein, „das bleibt", waren sich Tina und ihr Mann Jürgen jedoch schnell einig und haben das alte Gemäuer mit viel hellem Holz und stylischem Interieur in ein modernes Appartementhaus mit 16 Suiten verwandelt.

Hier gibt es ganz viele Gründe zu bleiben. In der Panorama-Suite mit Ausblick auf den legendären Zielhang der Planai haben bis zu sechs Personen Platz und bucht man „Cosy", gibts zusätzlich zum Bedroom eine kuschelige Schlafkoje für Kids oder unkomplizierte Schläfer. Eines haben aber alle gemeinsam: eine eigene Sauna auf der Loggia und Wärmestrahler für kühle Nächte.

Ganz sicher in Erinnerung bleiben auch die vielen Extras: Die gemütliche Kaminlounge mit Minishop, der beheizte Outdoor-Sportplatz und das großzügige Spielzimmer für Kinder, der Ski- und Bike-Raum mit Waschstation (eine solche gibt es auch für Hunde) und die gut bestückte Werkstatt für kleinere Reparaturen an der eigenen Sportausrüstung.

DAS BLEIBT – ALPINE SUITES**
Erzherzog-Johann-Straße 544 | 8970 Schladming | +43 3687 23500 |
info@dasbleibt.at | www.dasbleibt.at

Das Frühstück wird in der Box
aufs Zimmer serviert, weil hier
bleibt es jedem selbst überlassen,
wann und ob überhaupt
aufgestanden wird.

Schloss Seefels

Zu manchen Anlässen darfs doch mal ein bisschen etwas Besonderes sein, oder? Wie wär's mit einem frisch renovierten Schloss inmitten einer 30.000 m² großen Parkanlage? Mit eigener Marina, einem beheizten Seebad, privater Liegewiese, Wellness-Deluxe und drei Tennisplätzen sowie einem Restaurant mit Blick auf den türkisblauen See, die Karawanken und die Julischen Alpen?

Hoteldirektorin Helena hat schon mit dem perfekten Refresh des Knappenhofs, zu finden in meinem chic&cosy Guide II, reichlich Lorbeeren eingeheimst. Ihren Mut zu starken Farben und außergewöhnlichem Design hat sie nun auch in diesem Schlösschen bewiesen. Von Blumenrädern, Kakteen oder Kletterblumen bis Papageien, Kolibris oder Schmetterlinge – von Designern namens Christian Lacroix, Pierre Frey bis Lelièvre und Casamance – wer's stylisch, frisch und fröhlich mag ist hier bestens aufgehoben.

Die Küche des Hauses ist mit Gault Millau Hauben, Falstaff Gabeln und Slow-Food-Schnecken ausgezeichnet und mein absoluter Lieblingsplatz ist das Seerestaurant „Porto Bello" – bitte gleich Seite 230 anschauen und mit Tagträumen vom nächsten Urlaub beginnen!

HOTEL SCHLOSS SEEFELS
Töschling 1 | 9212 Pörtschach – Techelsberg am Wörthersee | +43 4272 2377 |
office@seefels.at | www.seefels.at

> Dieses 5-Sterne-Haus bei Pörtschach am Wörthersee ist Augen- und Gaumenfreude zugleich.

Beachhouse

Ich finde immer, ums gleiche Geld kann man schöner urlauben oder in einer So-lala-Unterkunft einchecken. Ersteres bedarf aber viel Recherche und Zeit und um euch all dies zu ersparen, gibt es ja schließlich meine Bücher.

Manchmal hat man aber auch einfach nur Glück. Bei meiner Tour durch Kärnten hat eine Buchungsplattform dieses unglaublich charmante Haus vorgeschlagen und ich dachte mir: Kenn ich nicht, schaut aber nett aus – nehm ich!

Schockverliebt ist, glaube ich, das richtige Wort. Theresa und Markus haben aus einem in die Jahre gekommenen Gästehaus, mit perfekter Lage in der Südbucht von Velden, die bunteste Form des leichten Seins erschaffen. Ein bisschen Farbe, florale Tapeten, hübsche Polster im Boho-Style und voilà – schon sind die 16 Zimmer und das Restaurant perfekt umgestylt. Für mich der beste Beweis, dass man mit ein bisschen Fingerspitzengefühl aus jedem Gemäuer das Beste herauskitzeln kann. Der hauseigene Badestrand mit den süßen gelben Vintage-Schirmen ist sowieso ganz zauberhaft und ich kann euch garantieren: Dieses lässige Beachhouse kann mit seinen Kollegen auf Ibiza und Sylt auf jeden Fall mithalten. Love it!

BEACHHOUSE
Seecorso 36 | 9220 Velden am Wörthersee | +43 4274 2612 |
office@beachhouse-velden.at | www.beachhouse-velden.at

Das See-Restaurant
„Beachhouse Grill & Chill"
ist ungezwungener Treffpunkt
für Hausgäste und
Einheimische.

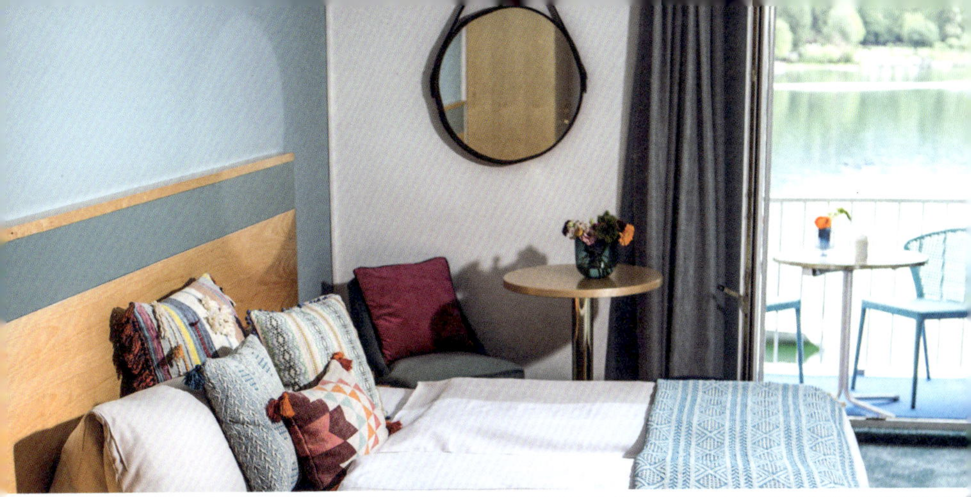
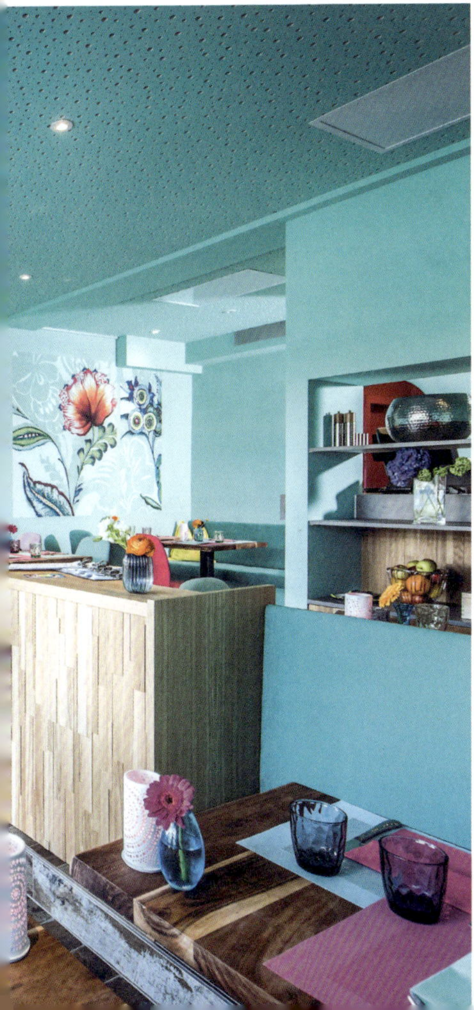
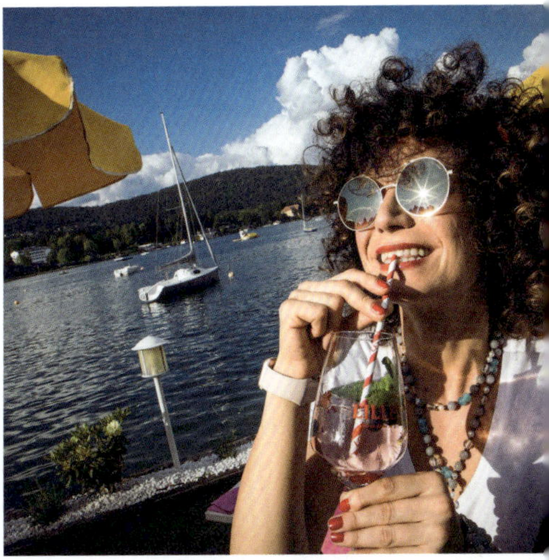
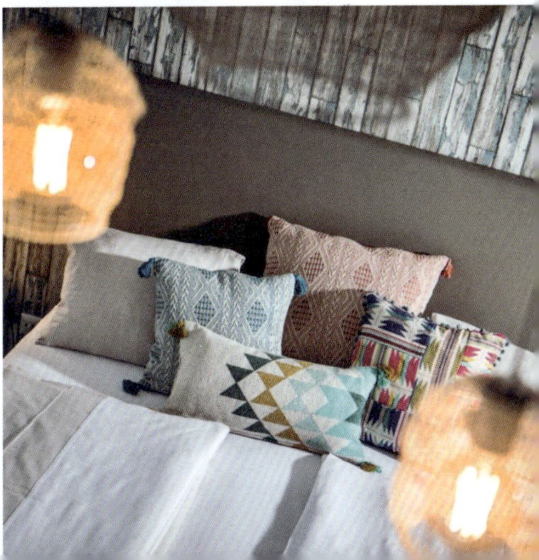

Palais26

Durch seine südliche Lage hat das Städtchen Villach schon ein bisschen mediterranes Flair, wie ich finde, und auch das 500 Jahre alte Palais mit der schönen Renaissance-Fassade erinnert an die Palazzi in Venedig.

Mitten am Hauptplatz gelegen, hat das Hotel schon Gäste wie Kaiserin Maria Theresia und Musikerlegende Udo Jürgens beherbergt. Diese können leider nicht mehr die 2019 komplette Renovierung des Palais bewundern, die mit einem Design-Mix aus historischem Charme, kräftigen Farben in Gold und Smaragdgrün und modernen Details äußerst gelungen ist.

Die Chillout-Area im Innenhof mit ihren Hochbeeten ist ein herrlich ruhiges Platzerl. Jeder, der mehr das Treiben der Stadt sucht, ist auf der großen, direkt in der Fußgängerzone gelegenen Sonnenterrasse, bestens aufgehoben. Die Signature Pasta mit Garnelen und der Palais Burger Royal schmecken im Restaurant „Charles" herrlich. Und mit einem Glas Wein in den bequemen Lounge-Möbeln sitzen und den lauen Sommerabend genießen, ist schon Italy-Feeling pur!

HOTEL PALAIS26
Hauptplatz 26 | 9500 Villach | +43 4242 26101 |
office@palais26.at | www.palais26.at

> Das Palais26 ist mit seiner zentralen Lage eine perfekte Event-Location aber auch ideal für Seminare und Workshops.

Der Kleine Bär

„Nach dem Essen sollst du ruh'n oder 1000 Schritte tun." Nach einem Mahl beim Bärenwirt in Hermagor empfehle ich unbedingt Ersteres. Man hat hier ja schließlich nicht bei irgendeinem Landgasthof gespeist, sondern im „Wirtshaus des Jahres 2018", wie der Restaurantführer Gault Millau befindet.

Über ein Jahrzehnt war Manuel Sous-Chef im Steirereck in Wien, doch irgendwann hat ihn und seine Frau Claudia das Heimweh gepackt und so sind sie 2015 mit ihren Kindern zurück in die Heimat und haben sich in den letzten Jahren nicht nur die Herzen von Gästen und Einheimischen erkocht, sondern auch viele Auszeichnungen.

Nun soll man doch mit dem Bauch voller Köstlichkeiten ruh'n. Und damit man gar nicht zu viele Schritte tun muss, haben die beiden einfach das schmale und geschichtsträchtige Nachtwächterhäuschen vis-à-vis erworben und in zwei charmante Zimmer und ein gemütliches Dachgeschoss-Appartement umgebaut. Auf der erhabenen Terrasse mit Blick auf den Hauptplatz schmeckt der Kaffee besonders gut und im Kleinen-Bären-Shop gibt es allerlei Köstlichkeiten zum Mit-nach-Hause-Nehmen.

DER KLEINE BÄR
Hauptstraße 17 | 9620 Hermagor | +43 4282 2052 |
hallo@baerenwirt-hermagor.at | www.baerenwirt-hermagor.at

> Im kleinen Bären wird geplaudert, gefeiert, gekostet und eingekauft und acht Personen ruh'n auch wunderhübsch.

Impressum:
chic&cosy
Schöner urlauben in Österreich III
1. Auflage März 2023

Autorin & Herausgeberin: Mag. Irmgard Berger, Grödigerstr. 21, 5081 Anif
Grafik: Irene Spalt // Text · Grafik · Design // spalt.co.at
Lektorat: Mag. Robert Gisshammer // Sprachservice.at
Druck: Offset 5020
www.chicandcosy.at
ISBN 978-3-98595-668-5